工会女职工工作应知应会200条

张安顺 杨玉串 张 华 ◎ 编著

民主与建设出版社
·北京·

© 民主与建设出版社，2024

图书在版编目（CIP）数据

工会女职工工作应知应会 200 条 / 张安顺，杨玉串，张华编著. --北京：民主与建设出版社，2024.10.
ISBN 978-7-5139-4769-5

Ⅰ.D412.6

中国国家版本馆 CIP 数据核字第 20243MB415 号

工会女职工工作应知应会 200 条
GONGHUI NÜZHIGONG GONGZUO YINGZHI YINGHUI 200 TIAO

编　　著	张安顺　杨玉串　张　华
责任编辑	廖晓莹
封面设计	国风设计
出版发行	民主与建设出版社有限责任公司
电　　话	（010）59417749　59419778
社　　址	北京市朝阳区宏泰东街远洋万和南区伍号公馆 4 层
邮　　编	100102
印　　刷	北京柯蓝博泰印务有限公司
版　　次	2024 年 10 月第 1 版
印　　次	2025 年 2 月第 1 次印刷
开　　本	710 毫米×1000 毫米　1/16
印　　张	13.75
字　　数	200 千字
书　　号	ISBN 978-7-5139-4769-5
定　　价	69.00 元

注：如有印、装质量问题，请与出版社联系。

前 言
PREFACE

工会女职工工作是工会工作、妇女工作的重要组成部分。做好工会女职工工作，加强女职工的思想政治引领，切实维护女职工合法权益和特殊利益，对于调动女职工的积极性、主动性、创造性，发挥"半边天"作用，推动经济社会高质量发展有着非常重要的意义。工会女职工工作干部要充分认识女职工工作在党和国家工作大局中的重要地位和在工会工作中的重要作用，增强使命感和责任感，加强学习，不断提高自身素质和履职能力，认真履行职责，努力开创新时代工会女职工工作的新局面，为全面建设社会主义现代化国家，全面推进中华民族伟大复兴作出新的贡献。

为了适应工会女职工工作干部学习培训的需要，我们组织编写了本书。本书根据国家有关法律法规政策编写，依据可靠，内容全面，结构合理，简明实用。本书采用问答形式，一问一答，层次清晰，通俗易懂，便于工会女职工工作干部学习使用。

本书在编写过程中参考了一些有关书籍和资料，在此向有关作者表示衷心感谢。

由于编者水平所限，书中难免存在一些不足之处，敬请广大读者提出宝贵意见，以便今后修改。

目 录
CONTENTS

一、工会女职工工作　　/ 001

1. 什么是女职工　　/ 002
2. 工会女职工工作指的是什么　　/ 002
3. 工会女职工工作有哪些特点　　/ 002
4. 工会女职工工作的重要作用是什么　　/ 003
5. 马克思主义妇女观是什么　　/ 004
6. 马克思主义妇女观的主要内容是什么　　/ 005
7. 新时代工会女职工工作的指导思想是什么　　/ 005
8. 习近平总书记关于工人阶级和工会工作的重要论述的重大意义是什么　　/ 006
9. 习近平总书记关于工人阶级和工会工作的重要论述的主要精神是什么　　/ 006
10. 今后五年工会工作的总体要求是什么　　/ 007
11. 习近平总书记关于妇女儿童和妇联工作重要论述的重大意义是什么　　/ 007
12. 如何深入学习领会、把握习近平总书记关于妇女儿童和妇联工作重要论述的精神实质　　/ 008

13. 新时代工会女职工工作的基本原则是什么 / 011
14. 工会女职工工作的基本任务是什么 / 012
15. 新时代工会女职工工作的基本职责有哪些 / 013
16. 新时代工会女职工工作的新任务是什么 / 015
17. 保障妇女就业权的策略措施有哪些 / 015
18. 如何加强女性专业技术和技能人才队伍建设 / 016
19. 如何改善女性劳动者劳动安全状况 / 017
20. 如何保障女职工劳动权益 / 017
21. 如何为女性生育后的职业发展创造有利条件 / 017
22. 如何加大培养选拔女干部工作力度 / 018
23. 如何推动妇女积极参与事业单位决策管理 / 018
24. 如何推动妇女广泛参与企业决策管理 / 019
25. 什么是工会女职工组织 / 019
26. 关于建立女职工组织有什么规定 / 020
27. 工会女职工组织机构包括哪些 / 020
28. 工会女职工委员会是如何产生的 / 021
29. 如何加强工会女职工组织机构建设 / 022
30. 企业是否应当建立妇联组织 / 022
31. 工会女职工委员会是否属于妇女组织,它与妇联组织是什么关系 / 023
32. 工会女职工委员会作为妇联的团体会员,在开展女职工工作时应注意哪些事项 / 023
33. 工会女职工委员会的工作制度有哪些 / 024
34. 加强基层工会女职工组织建设的基本要求是什么 / 025
35. 推进基层工会女职工组织建设应重点把握哪些要求 / 026
36. 搞好工会领导机关的女职工组织建设,应重点注意哪些

问题 / 026

37. 如何推动工会女职工组织运行制度化、规范化 / 027
38. 如何推进实现工会女职工组织全覆盖 / 028
39. 工会女职工工作干部如何配备 / 028
40. 提高工会女职工工作干部素质的重要性和迫切性是什么 / 029
41. 工会女职工工作干部素质的主要内容有哪些 / 030
42. 提高工会女职工工作干部素质的主要途径有哪些 / 030
43. 加强对工会女职工工作干部的管理主要包括哪些方面 / 031
44. 工会对女职工工作干部的培养主要内容有哪些 / 032
45. 如何构建工会女职工工作的统筹协调机制 / 032
46. 如何加强工会女职工工作调查研究 / 033
47. 如何加强工会女职工工作品牌塑造创新 / 033
48. 工会女职工工作如何用好网上工作平台 / 034
49. 如何加强对工会女职工工作的组织领导 / 034
50. 如何加大对工会女职工工作的支持保障力度 / 034
51. 提高女职工素质的重要性和必要性是什么 / 035
52. 如何提高女职工思想道德素质 / 036
53. 如何提高女职工科学文化素质 / 037
54. 如何提高女职工技术技能素质 / 037
55. 如何提高女职工民主法治素质 / 038
56. 如何提高女职工心理素质和体能素质 / 039
57. 提高女职工素质的基本方法有哪些 / 039
58. 如何为女职工建功立业搭建平台 / 041

二、女职工权益维护 / 043

59. 维护女职工合法权益和特殊利益的重要性是什么 / 044

60. 为什么说维护女职工合法权益和特殊利益是工会女职工组织的基本职责 / 044

61. 女职工的政治权利主要包括哪些内容 / 045

62. 工会女职工组织如何维护女职工的政治权利 / 046

63. 女职工的人身和人格权包括哪些内容 / 046

64. 工会女职工组织如何维护女职工的人身和人格权 / 047

65. 女职工的文化教育权益包括哪些内容 / 047

66. 工会女职工组织如何维护女职工的文化教育权益 / 048

67. 女职工的劳动和社会保障权益包括哪些内容 / 048

68. 工会女职工组织如何维护女职工的劳动和社会保障权益 / 049

69. 工会女职工组织如何维护女职工的财产权益 / 049

70. 女职工的婚姻家庭权益包括哪些内容 / 050

71. 工会如何维护女职工的婚姻家庭权益 / 050

72. 为什么强调女职工的特殊利益 / 050

73. 工会维护女职工合法权益和特殊利益的主要途径有哪些 / 051

74. 女职工权益保护专项集体合同指的是什么 / 052

75. 推行女职工权益保护专项集体合同工作的重要意义是什么 / 052

76. 女职工权益保护专项集体合同的内容和形式是什么 / 053

77. 女职工权益保护专项集体合同与集体合同中涉及女职工权益的专项附件、专章有何区别 / 053

78. 签订女职工权益保护专项集体合同的基本程序是什么 / 054

79. 工会女职工组织推进女职工权益保护专项集体合同工作的主要措施有哪些 / 055

80. 工作场所的性别平等指的是什么 / 055

81. 工作场所性别平等包括哪些内容 / 056

82. 工作场所性别歧视指的是什么 / 056

83. 促进工作场所性别平等的意义是什么 / 056

84. 用人单位制定和实施性别平等措施的步骤有哪些 / 056

85. 性别平等应纳入用人单位哪些制度 / 057

86. 工会在促进用人单位性别平等机制建设中的作用是什么 / 059

87. 如何充分发挥集体协商促进工作场所性别平等的重要作用 / 060

88. 就业机会平等的含义是什么 / 061

89. 用人单位保障男女平等就业机会的措施有哪些 / 061

90. 如何依法禁止招聘环节中的就业性别歧视 / 062

91. 如何强化人力资源市场监管，禁止就业性别歧视 / 062

92. 可以对涉嫌就业性别歧视的用人单位开展联合约谈吗 / 063

93. 如何支持妇女就业 / 063

94. 职业发展机会平等的含义是什么 / 064

95. 用人单位应采取哪些措施保障男女职工享有平等的职业发展机会 / 065

96. 同工同酬的内容包括哪些方面 / 066

97. 实行男女同工同酬的意义是什么 / 067

98. 用人单位应采取哪些措施保障男女同工同酬 / 068

99. 帮助职工平衡工作和家庭责任的意义是什么 / 068

100. 如何平衡工作和家庭责任 / 069

101. 性骚扰指的是什么？有哪些类型 / 070

102. 什么是工作场所性骚扰 / 072

103. 工作场所性骚扰主要类型有哪些　／072
104. 性骚扰的法律后果是什么　／073
105. 用人单位应当采取哪些措施预防和制止对妇女的性骚扰　／074
106. 家庭友好型工作场所指的是什么　／074
107. 创建家庭友好型工作场所的意义是什么　／075
108. 家庭友好型工作场所如何做到生育保护友好　／075
109. 家庭友好型工作场所如何做到照护支持友好　／076
110. 完善和落实积极生育支持措施的总体要求是什么　／076
111. 提高优生优育服务水平的基本措施有哪些　／076
112. 母婴安全五项制度是什么　／078
113. 发展普惠托育服务体系的基本措施有哪些　／078
114. 如何完善生育休假和待遇保障机制　／079
115. 如何加强优质教育资源供给　／080
116. 如何构建生育友好的就业环境　／081
117. 开展用人单位托育服务工作的重要意义是什么　／082
118. 用人单位开展托育服务的形式一般有哪些　／082
119. 工会如何推进用人单位托育服务工作　／083
120. 开展"会聚良缘"工会婚恋交友服务的特点是什么　／083
121. 工会开展女职工心理健康服务工作的主要做法有哪些　／084
122. 女职工两癌筛查的法律法规政策依据是什么　／086
123. 工会组织采取哪些举措推动女职工两癌筛查工作　／086
124. 女职工数字技能提升的总体要求是什么　／087
125. 女职工数字技能提升的工作举措有哪些　／088

目录

三、有关法律法规 / 089

（一）安全生产法 / 090

126. 工会如何积极推动事关职工安全健康权益法律法规和政策的制定和完善 / 090

（二）职业病防治法 / 090

127. 用人单位应当落实哪些高温作业劳动保护措施 / 090

128. 在高温天气期间，用人单位应当采取哪些劳动保护措施 / 091

（三）社会保险法 / 092

129. 享受基本养老保险待遇的条件是什么 / 092

130. 生育保险有哪些特点 / 093

131. 生育保险的作用是什么 / 094

132. 生育保险的覆盖范围是什么 / 094

133. 生育保险待遇包括哪些 / 094

134. 生育津贴指的是什么 / 095

135. 用人单位未参加生育保险的怎么办 / 095

136. 生育保险和职工基本医疗保险合并实施的主要政策是什么 / 096

（四）妇女权益保障法 / 097

137.《妇女权益保障法》的立法宗旨是什么 / 097

138.《妇女权益保障法》的基本原则有哪些 / 098

139. 妇女在哪些方面享有与男子平等的权利 / 098

140. 保障妇女权益工作机制是什么 / 098

141. 妇女联合会在维护妇女权益方面的职责是什么 / 099

142.《妇女权益保障法》对妇女自身提出了怎样的要求 / 099

143. 妇女权益保障法规定的政治权利包括哪些内容　／099

144. 如何保障妇女人身自由、人格尊严和生命权、身体权、健康权不受侵犯　／101

145. 预防和禁止对妇女性骚扰的措施有哪些　／101

146. 如何保护妇女的姓名权、肖像权、名誉权、荣誉权、隐私权和个人信息等人格权益　／103

147. 如何建立健全妇女健康服务体系　／103

148. 妇女有生育权吗　／104

149. 妇女享有与男子平等的文化教育权利吗　／104

150. 如何保障妇女享有与男子平等的文化教育权利　／104

151. 如何防止和纠正就业性别歧视　／105

152. 用人单位与女职工签订的劳动（聘用）合同中是否应当具备女职工特殊劳动保护条款　／106

153. 《妇女权益保障法》对男女同工同酬是怎样规定的　／106

154. 《妇女权益保障法》对妇女经期、孕期、产期、哺乳期保护有什么规定　／106

155. 如何保障妇女享有社会保险、社会救助和社会福利等权益　／107

156. 妇女享有与男子平等的财产权吗　／108

157. 《妇女权益保障法》对妇女的继承权有什么规定　／108

158. 《妇女权益保障法》对于妇女的婚姻家庭权益作了哪些规定　／108

159. 妇女的合法权益受到侵害，可以通过哪些渠道寻求救济　／110

160. 用人单位侵害妇女劳动和社会保障权益的，是否可以约谈用人单位　／111

161. 侵害妇女合法权益检察机关可提起公益诉讼吗 / 111
162. 违反性骚扰规定的法律责任是什么 / 112
163. 通过大众传播媒介或者其他方式贬低损害妇女人格的，承担什么法律责任 / 113
164. 侵害妇女人身和人格权益、文化教育权益、劳动和社会保障权益、财产权益以及婚姻家庭权益的，承担什么法律责任 / 113

（五）反家庭暴力法 / 113

165. 家庭暴力指的是什么 / 113
166. 一般夫妻纠纷与家庭暴力有什么区别 / 114
167. 反家庭暴力工作应遵循的原则是什么 / 114
168. 如何预防家庭暴力 / 115
169. 遇到家庭暴力，如何申请救助 / 116
170. 公安机关可以出具家庭暴力告诫书吗 / 116
171. 家庭暴力如何取证 / 117
172. 什么情况下受害人可以申请人身安全保护令 / 117
173. 向人民法院申请人身安全保护令，是否以提起离婚等民事诉讼为条件 / 118
174. 作出人身安全保护令，应当具备哪些条件 / 118
175. 人身安全保护令案件中，人民法院根据哪些证据依法作出人身安全保护令 / 119
176. 人身安全保护令可以包括什么措施 / 120
177. 人身安全保护令的有效期是多久？如何执行 / 121
178. 家庭暴力的加害人会承担什么法律责任 / 121

（六）人口与计划生育法 / 122

179. 一对夫妻可以生育几个子女 / 122
180. 可以设立父母育儿假吗 / 122

181. 妇女怀孕、生育和哺乳期间，可以享受特殊劳动保护吗 / 122

182. 如何加强婴幼儿照护服务 / 123

183. 如何保障女性就业合法权益 / 124

（七）女职工劳动保护特别规定 / 124

184. 女职工特殊劳动保护指的是什么 / 124

185. 《女职工劳动保护特别规定》的主要内容包括哪些方面 / 125

186. 颁布实施《女职工劳动保护特别规定》的重要意义是什么 / 125

187. 女职工在"三期"期间，用人单位能否降低其工资标准 / 127

188. 用人单位在女职工劳动保护方面的基本职责是什么 / 127

189. 女职工在"三期"期间，用人单位能否解除、终止劳动合同 / 128

190. 女职工禁忌从事的劳动范围是什么 / 128

191. 已婚待孕女职工的保护措施有哪些 / 128

192. 女职工经期的保护措施有哪些 / 129

193. 女职工孕期的保护措施有哪些 / 130

194. 女职工孕期禁忌从事的劳动范围是什么 / 131

195. 女职工产期的保护措施有哪些 / 132

196. 对有过两次以上自然流产史的女职工有什么特殊保护措施 / 133

197. 女职工哺乳期的保护措施有哪些 / 133

198. 女职工在哺乳期禁忌从事的劳动范围是什么 / 134

199. 哺乳期可否延长 / 135

200. 《女职工劳动保护特别规定》关于女职工劳动保护设施有什么规定 / 135
201. 女职工更年期保护措施有哪些 / 135
202. 女职工的特殊劳动保护权利受到侵害时，可以采取哪些方法维护自己的权益 / 136

附 录

1. 《中华人民共和国工会法》 / 137
2. 《中国工会章程》 / 149
3. 《工会女职工委员会工作条例》 / 166
4. 《中华人民共和国妇女权益保障法》 / 171
5. 《女职工劳动保护特别规定》 / 187
6. 《工作场所女职工特殊劳动保护制度（参考文本）》 / 191
7. 《消除工作场所性骚扰制度（参考文本）》 / 196

参考资料及说明 / 201

一、工会女职工工作

1. 什么是女职工

女职工是女性职员和女性工人的统称。一般指从事一定经济活动和社会活动，以工资收入为主要生活来源或者与用人单位建立劳动关系（人事关系）的女性劳动者（包括体力劳动者和脑力劳动者）。女职工是我国工人阶级队伍的重要组成部分，作为妇女群众的骨干力量，女职工是物质文明和精神文明的创造者，是推动经济社会发展的重要力量，在全面建设社会主义现代化国家、实现中华民族伟大复兴中国梦中发挥着十分重要的作用。

2. 工会女职工工作指的是什么

工会女职工工作，是工会女职工组织在工会领导下，专门从事的组织女职工、宣传女职工、教育女职工、维护女职工、服务女职工，反映和解决女职工的特殊利益和特殊问题的工作。工会女职工工作是工会工作、妇女工作的重要组成部分。做好工会女职工工作对于调动女职工的积极性，发挥"半边天"作用，促进经济发展和社会和谐进步具有十分重要的意义。

3. 工会女职工工作有哪些特点

工会女职工工作作为工会工作的重要组成部分，既体现着工会工作的一般规律，又有鲜明的自身特点，其特点主要表现在以下三个方面。

（1）女职工工作的特殊性。女职工相对于男职工有其生理、心理特点和特殊的社会问题，工会作为职工群众自己的组织，不仅要反映和解决男女职工的共同要求和问题，还必须专门关心和研究女职工的特点和特殊要求，有针对性地开展女职工工作，对女职工进行特殊的劳动保护和心理疏导，帮助女职工解决实际问题。

（2）女职工工作的综合性。女职工工作内容广、领域宽，与国家有关部门的工作和工会各业务部门的工作有着密切的联系，涉及女职工各方面利益的工作，凡是有女职工的地方，都有女职工工作。就工会而言，女职工工作不仅是工会女职工组织的任务，也是整个工会的工作。女职工工作不能孤立地进行，必须融于整个工会工作之中，必须坚持"全会抓女职工工作，女职工工作为全局工作服务"的原则，统筹协调、整合工会内部的各项资源。工会各个职能部门在研究部署工作时，都应将女职工工作的有关内容纳入其中，积极配合、支持和协助女职工组织做好女职工工作。就工会外部而言，则需要和妇女工作协调，同政府、人大、政协工作协调，以形成女职工工作的社会合力。

（3）女职工工作的相对独立性。相对独立性是指女职工工作是在工会委员会领导下进行。独立是指女职工工作是由工会领导下的专门的女职工组织来独立负责地进行。面对女职工的一系列特殊问题，需要有一个专门的女职工组织机构来独立负责，有针对性地开展工作，进行系统调查研究，综合分析，总结经验，找出它的规律性，以便更全面、更有效地代表和维护女职工的合法权益和特殊利益。因此，各级工会要按照《工会法》《妇女权益保障法》《中国工会章程》《工会女职工委员会工作条例》等有关规定，建立健全女职工组织，并从人员编制的配备和经费上予以保证，使工会女职工工作得以顺利进行。

4. 工会女职工工作的重要作用是什么

工会女职工工作是工会工作、妇女工作的重要组成部分，在党的群众工作中具有特殊地位和重要作用。做好工会女职工工作,加强女职工的思想政治引领,凝聚思想共识,有利于巩固和扩大党执政的阶级基础和群众基础;组织动员广大妇女参与社会劳动、立足岗位提升素质建功立业,有利于推动妇女解放和经济社会高质量发展;依法维护好女职工的合法权益和特殊利益,有利于贯彻落实男女平等基本国策,保证女职工拥有平等参与发展和享有发展成果的机会;关心关爱女职工,更好回应和满足女职工对美好生活的向往,有利于构建和谐劳动关系,更好维护职工队伍团结稳定和劳动关系领域政治安全;加强女职工组织自身建设,提升女职工工作水平,有利于更好发挥工会组织联系职工的桥梁纽带作用,推进党的工运事业和妇女事业不断创新发展。各级工会要提高政治站位,重视和支持女职工工作,加强统筹谋划,把女职工工作纳入工会总体工作一体部署、一体推进;积极整合工会内外资源,推动形成上下联动、各方支持、合力推进的女职工工作新局面。广大工会女职工工作者,一定要从加强党的执政能力建设、巩固党的执政基础的高度,充分认识女职工工作在党和国家工作大局中的重要意义和在工会工作中的重要作用,要以强烈的使命感和高度的责任感,承担起历史赋予的重任,把广大女职工最广泛地组织到党领导的工会中来,紧密团结在党的周围,努力实现好、维护好、发展好广大女职工的合法权益,不断开创工会女职工工作的新局面,为全面建设社会主义现代化国家、全面推进中华民族伟大复兴作出新的贡献。

5. 马克思主义妇女观是什么

马克思主义妇女观,是运用辩证唯物主义和历史唯物主义的世界观、方法论,对妇女社会地位的演变、妇女的社会作用、妇女的社会权利和妇女争取解放的途径等基本问题作出的分析和概括。马克思主义妇女观是马克思主义理论体系的组成部分,是中国共产党用以指导妇女运动的理论基础。

6. 马克思主义妇女观的主要内容是什么

马克思主义妇女观的主要内容如下。
(1) 妇女被压迫是人类历史发展的一定阶段上的社会现象。
(2) 妇女解放的程度是衡量人类普遍解放的天然尺度。
(3) 参加社会劳动是妇女解放的重要先决条件。
(4) 妇女解放是一个长期的历史过程。
(5) 妇女在促进人类文明、推动社会发展中具有伟大的作用。

7. 新时代工会女职工工作的指导思想是什么

新时代工会女职工工作的指导思想是:坚持以习近平新时代中国特色社会主义思想为指导,全面贯彻党的二十大精神,深入学习贯彻习近平总书记关于工人阶级和工会工作、关于妇女工作的重要论述,坚持以人民为中心的发展思想,坚定不移走中国特色社会主义工会发展道路,贯彻落实男女平等基本国策,牢牢把握为实现中华民族伟大复兴的中国梦而奋斗的工人运动时代主题,推动实施《中国妇女发展纲要(2021—2030年)》,切实履行维权服务基本职责,团结引领广大女职工奋进新征程、建功新时代,为全面建设社会主义现代化国家、实现第二个百年奋斗目标贡献智慧和力量。

8. 习近平总书记关于工人阶级和工会工作的重要论述的重大意义是什么

习近平总书记关于工人阶级和工会工作的重要论述，系统阐明了新时代党的工运事业和工会工作的地位作用、工运主题、发展道路、目标任务、根本保证，深刻回答了新时代为什么要全心全意依靠工人阶级、怎样全心全意依靠工人阶级，建设什么样的工会、怎样建设工会等方向性、根本性、战略性重大问题，为新时代新征程党的工运事业和工会工作提供了根本遵循。这一重要论述，是习近平新时代中国特色社会主义思想的重要组成部分，是对马克思主义劳动学说和工运学说的继承和发展，是对中华优秀传统文化的传承和发扬，是对党领导工运事业丰富实践和宝贵经验提炼升华的重大成果，把我们党对工人运动和工会工作的规律性认识提升到一个新高度，为新时代工运事业和工会工作创新发展指明了前进方向、提供了行动指南，具有重大政治意义、深远历史意义、深刻理论意义、鲜明实践意义。

9. 习近平总书记关于工人阶级和工会工作的重要论述的主要精神是什么

党的十八大以来，习近平总书记从党和国家事业发展全局出发，就党的工运事业和工会工作发表一系列重要讲话、作出一系列重要指示，强调要坚持党对工运事业和工会工作的领导，永远保持自觉接受党的领导这一优良传统，坚定不移走中国特色社会主义工会发展道路；要坚持全心全意依靠工人阶级的根本方针，巩固工人阶级的领导阶级地位，充分发挥工人阶级的主力军作用；要牢牢把握为实现中华民族伟大复兴中国梦而奋斗的时代主题，紧紧围绕党和国家工作大局，组织带领广大职工群众为实现发展目标建功立业；要加强对职工群众的思想政治引领，引导职工群众听党话、跟党走，巩固党执政的阶级基础和群众基础；要深化产业工人队伍建设改革，努力建设高素质劳动大军；要大力弘扬劳模精神、劳动精神、工匠精神，依靠劳动创造扎实推进中国式现代化；要坚持以职工为中心的工作导向，切实实现好、维护好、发展好工人阶级和广大劳动群众合法权益；要围绕保持和增强政治性、先进性、群众性，深入推进工会改革创新，健全联系广泛、服务职工的工会工作体系。

10. 今后五年工会工作的总体要求是什么

中国工会十八大报告提出，今后五年工作的总体要求是：坚持以习近平新时代中国特色社会主义思想为指导，全面贯彻党的二十大精神，深入贯彻习近平总书记关于工人阶级和工会工作的重要论述，紧紧围绕党和国家工作大局，忠诚党的事业、竭诚服务职工，改革创新、奋发进取，保持和增强政治性、先进性、群众性，持续提高引领力、组织力、服务力，充分发挥党联系职工群众的桥梁纽带作用，团结引导亿万职工群众坚定不移听党话、跟党走，为全面建设社会主义现代化国家、全面推进中华民族伟大复兴发挥主力军作用。

11. 习近平总书记关于妇女儿童和妇联工作重要论述的重大意义是什么

在新时代伟大实践中，习近平总书记从党和国家事业发展全局出发，围绕妇女儿童和妇联工作发表了一系列重要论述，系统阐述了事关妇女事业发展的一系列方向性、根本性、战略性问题，以全新的视野升华了我们党对妇女事业和妇女工作的规律性认识，开辟了马克思主义妇女理论中国化时代化新境界。习近平总书记关于妇女儿童和妇联工作的重要论述是习近平新时代中国特色社会主义思想的重要组成部分，为新时代新征程发展妇女事业、做好妇女工作提供了根本遵循，我们要深入学习领会，把握精神实质，扎实做好深化内化转化工作，坚定不移沿着习近平总书记指引的方向前进。

12. 如何深入学习领会、把握习近平总书记关于妇女儿童和妇联工作重要论述的精神实质

深刻把握坚持党的全面领导的首要原则。习近平总书记坚持马克思主义政党学说，深刻阐述了为什么必须坚持党的全面领导、怎样坚持党的全面领导等重大问题，指出中国特色社会主义最本质的特征是中国共产党领导，坚持党的领导是做好党的妇女工作的根本保证；要求妇联组织毫不动摇坚持党的领导，引领广大妇女听党话、跟党走。我们要把坚持党的全面领导作为妇女事业发展的立身之本，落实到妇女工作各方面全过程，高举旗帜、把正方向，在思想上政治上行动上同以习近平同志为核心的党中央保持高度一致，把党的主张转化为广大妇女的自觉追求和实际行动。

深刻把握中国妇女运动的时代主题。习近平总书记坚持马克思主义关于妇女解放与阶级解放、人类解放一致性的思想，深刻揭示了妇女发展与强国建设、民族复兴的内在关系，指出实现中华民族伟大复兴是当代中国妇女运动的时代主题，要坚定不移走中国特色社会主义妇女发展道路；要求妇联组织帮助妇女点燃梦想、追寻梦想、共筑梦想，为妇女释放创造活力、实现自我价值搭建平台。我们要牢牢把握这一时代主

题,引导广大妇女自觉把人生理想、家庭幸福融入国家富强、民族振兴、人民幸福的伟业之中,发挥"半边天"的独特作用,使中国特色社会主义妇女发展道路越走越宽广。

深刻把握新时代妇女的使命任务。习近平总书记坚持马克思主义关于人民群众创造历史的唯物史观,深刻阐述了妇女的地位作用和妇女事业发展的主体力量,指出妇女是人类文明的开创者、社会进步的推动者,实现党和国家发展的宏伟蓝图,需要包括妇女在内的全体中华儿女共同奋斗;要求妇联组织团结带领妇女建功新时代,做伟大事业的建设者、文明风尚的倡导者、敢于追梦的奋斗者。我们要围绕统筹推进"五位一体"总体布局、协调推进"四个全面"战略布局,开展富有女性特色的巾帼建功立业活动,最大限度调动妇女积极性、主动性、创造性,凝聚巾帼之力、汇集巾帼之智。

深刻把握家庭的重要基点作用。习近平总书记坚持马克思主义家庭观,继承发展中华优秀传统文化中的"家国一体"理念,深刻揭示了家庭对促进人民幸福安康、实现民族复兴伟业的关键基础作用,指出要注重家庭、注重家教、注重家风,使千千万万个家庭成为国家发展、民族进步、社会和谐的重要基点;要求妇联组织把做好家庭工作作为服务大局、服务妇女的重要着力点,发挥妇女在社会生活和家庭生活中的独特作用。我们要把推进家庭工作作为一项长期任务抓实抓好,引导广大妇女带动家庭成员倡扬社会主义家庭文明新风尚,以千千万万家庭的好家风支撑起全社会的好风气。

深刻把握妇女全面发展的制度保障。习近平总书记坚持马克思主义人权观和国家学说,深刻阐述了社会主义制度优越性对妇女权益的保障作用,指出妇女权益是基本人权,要坚持男女平等基本国策,把保障妇女权益系统纳入法律法规,上升为国家意志,内化为社会行为规范;要求妇联组织主动作为,依法依规为妇女全面发展营造环境、扫清障碍、创造条件。我们要自觉扛起维护妇女权益的职责，推动在出台法律、制定政策、编制规划、部署工作时充分考虑两性的现实差异和妇女的特殊权益，促进妇女平等依法行使民主权利、平等参与经济社会发展、平等享有改革发展成果。

深刻把握培养时代新人的战略任务。习近平总书记站在党和国家事业后继有人的战略高度，深刻阐述了培养什么人、怎样培养人、为谁培养人等重大问题，指出少年儿童是祖国的未来、中华民族的希望，要用心用情促进儿童健康成长、全面发展；要求妇联组织围绕培养担当民族复兴大任的时代新人的战略任务，在家庭工作中找准立德树人的切入点，帮助孩子扣好人生的第一粒扣子。我们要坚持为党育人、为国育才，落实立德树人根本任务，做儿童成长的引路人、儿童权益的守护人、儿童未来的筑梦人，为培养德智体美劳全面发展的社会主义建设者和接班人作出积极贡献。

深刻把握党的妇联组织的性质定位。习近平总书记坚持马克思主义关于群众工作的论述，继承发扬我们党通过群团组织做群众工作的优良传统，深刻阐述了妇联组织在党和国家事业中的地位作用，阐明了妇联组织的职能定位和改革方向，指出妇联组织是党和政府联系妇女群众的桥梁和纽带，是党开展妇女工作最可靠最有力的助手，职能定位是引领、服务、联系；要求妇联组织以改革创新精神加强和改进自身建设，增强政治性、先进性、群众性。我们要对标党中央决策部署，立足职能定位扎实做好工作，把妇联改革进行到底，把自身建设得更加充满活力、更加坚强有力。

深刻把握促进全球妇女事业发展的价值追求。习近平总书记坚守马克思主义胸怀天下的人类情怀，弘扬中华优秀传统文化中的世界大同等思想，深刻阐述了妇女事业发展离不开和平安宁、可持续发展的国际环境，揭示了中国妇女事业与全球妇女事业命运与共的紧密关系，指出要加强全球妇女事业合作，创造有利于妇女发展的国际环境；号召各国携手努力，加速行动，共建共享一个对所有妇女、对所有人更加美好的世界。我们要以更加积极主动的姿态走向世界，讲好中国和中国妇女故事，宣传好中国经验和创新理论，为构建人类命运共同体，加快实现性别平等、促进全球妇女事业发展贡献力量。

13. 新时代工会女职工工作的基本原则是什么

新时代工会女职工工作的基本原则如下。

（1）坚持党的领导。切实把党的意志和主张贯彻到工会女职工工作的全过程、各方面，牢牢把握工会女职工工作正确政治方向。

（2）坚持服务大局。把握新发展阶段，贯彻新发展理念，构建新发展格局，在全面建设社会主义现代化国家新征程中充分发挥"半边天"作用。

（3）坚持需求导向。坚持以职工为本，适应职工队伍深刻变化和劳动关系深刻调整，聚焦广大女职工急难愁盼问题，增强维权服务工作的针对性和实效性。

（4）坚持大抓基层。树立落实到基层、落实靠基层理念，加强基层工会女职工组织建设，强化上级工会与基层工会女职工组织的联系和工作指导，使基层工会女职工组织建起来、转起来、活起来。

（5）坚持改革创新。紧紧围绕保持和增强政治性、先进性、群众性，着力健全推动工会女职工工作创新发展的制度机制，激发工会女职工组织的内生动力。

（6）坚持系统观念。加强统筹谋划，广泛汇聚资源，强化保障落实，努力构建全会重视、上下联动、各方支持、合力推进的工会女职工工作格局。

14. 工会女职工工作的基本任务是什么

根据《工会女职工委员会工作条例》规定，工会女职工工作的基本任务如下。

（1）加强思想政治引领。坚持不懈用习近平新时代中国特色社会主义思想凝心铸魂，开展理想信念教育，团结引导广大女职工听党话、跟党走。教育女职工践行社会主义核心价值观，树立自尊、自信、自立、自强精神，不断提高思想道德素质、科学文化素质和技术技能素质，做伟大事业的建设者、文明风尚的倡导者、敢于追梦的奋斗者。

（2）推动女职工提升素质建功立业。按照"五位一体"总体布局和"四个全面"战略布局要求，贯彻新发展理念，把握中国工人运动和工会工作的主题和方向，弘扬劳模精神、劳动精神、工匠精神，积极参与产业工人队伍建设改革，动员和组织广大女职工在推动实现经济社会高质量发展中建功立业。

（3）维护女职工合法权益，保障女职工特殊权益。依法维护女职工在政治、经济、文化、社会和家庭等方面的合法权益和特殊权益，同一切歧视、虐待、摧残、迫害女职工的行为作斗争。参与有关保护女职工权益的法律、法规、规章、政策的制定和完善，监督、协助有关部门贯彻实施。代表和组织女职工依法依规参加本单位的民主选举、民主协商、民主决策、民主管理和民主监督。指导和帮助女职工与用人单位签订并履行劳动合同。参与平等协商、签订集体合同和女职工权益保护等专项集体合同工作，并参与监督执行。参与涉及女职工特殊权益的劳动关系协调和劳动争议调解，及时反映侵害女职工权益问题，督促和参与侵权案件的调查处理。

（4）做好女职工关爱服务。开展困难女职工帮扶救助、职工婚恋服务和职工子女关爱等工作。落实国家生育政策，协同做好职工子女托育托管服务。加强女职工心理关怀。

（5）开展家庭家教家风建设。充分发挥女职工在家庭生活中的独特作用，倡导和支持男女共同履行家庭责任，弘扬社会主义家庭文明新风尚。

（6）推动营造有利于女职工全面发展的社会环境。积极争取党政支持，会同社会有关方面共同做好女职工工作。在研究决定涉及女职工权益问题时，积极提出意见建议。发现、培养、宣传和推荐先进女职工集体和个人。

（7）与国际组织开展交流活动。讲好中国工会故事、中国女职工故事和中国巾帼劳模工匠故事，为促进妇女事业发展作出贡献。

15. 新时代工会女职工工作的基本职责有哪些

根据《中华全国总工会关于加强新时代工会女职工工作的意见》，在新时代，工会女职工工作担负着以下四个方面的基本职责。

（1）加强思想政治引领。坚持用习近平新时代中国特色社会主义思想武装女职工，不断增进广大女职工对新时代党的创新理论的政治认同、思想认同、情感认同。强化理想信念教育，深化中国特色社会主义和中国梦宣传教育，引导女职工坚定不移听党话、矢志不渝跟党走。大力弘扬劳模精神、劳动精神、工匠精神，组织开展巾帼劳模工匠论坛、宣讲等活动，进一步发挥先进典型示范引领作用。加强新时代家庭家教家风建设，倡导开展"培育好家风——女职工在行动"主题实践活动，推动社会主义核心价值观在家庭落地生根。

（2）深化提升素质建功立业工程。贯彻落实产业工人队伍建设改革各项部署，充分发挥技能强国——全国产业工人学习社区、工匠学院等阵地作用，落实科技创新巾帼行动，加强女职工数字技能培训，培育女职工创新工作室，助力女职工成长成才。引导女职工积极参与"建功'十四五'、奋进新征程"主题劳动和技能竞赛，广泛深入持久开展具有女职工特色的区域性、行业性劳动和技能竞赛，推动竞赛向新产业新业态新组织拓展。开展女职工先进集体和个人表彰或表扬，规范完善"五一巾帼奖"评选管理工作；在全国五一劳动奖章等评选表彰中重视并保障女职工比例。

（3）维护女职工的合法权益和特殊利益。工会女职工组织的基本职责是维护女职工的合法权益和特殊利益，这既是党对工会女职工组织提出的要求，也是广大女职工的迫切愿望。工会女职工组织要参与国家和地方有关女职工权益保护法律法规政策的研究和制定修订，推动地方出台《女职工劳动保护特别规定》实施办法。充分发挥女职工权益保护专项集体合同作用，突出民主管理、生育保护、女职工卫生费、帮助职工平衡工作和家庭责任等重点，提升协商质量和履约实效。定期开展普法宣传活动，常态化做好维权典型案例评选、联合专项执法检查、工会劳动法律监督，及时推动侵犯女职工权益案件调查处理，促进劳动关系和谐稳定，维护劳动领域政治安全。依法维护新就业形态女性劳动者劳动报酬、休息休假、劳动保护、社会保险等权益。

（4）提升女职工生活品质。落实国家生育政策及配套支持措施，支持有条件的用人单位为职工提供托育服务，推动将托育服务纳入职工之家建设和企业提升职工生活品质试点工作，推进工会爱心托管服务，加强女职工休息哺乳室建设，做好职工子女关爱服务，创建家庭友好型工作场所。高度关注女职工劳动保护和身心健康，加大女职工劳动安全卫生知识教育培训力度，推动特定行业、企业等开展女职工职业病检查；扩大宫颈癌、乳腺癌筛查受益人群和覆盖范围，加强女职工人文关怀和心理疏导工作。深化工会婚恋交友服务，教育引导职工树立正确婚恋观，开展更加符合职工需求及特点的婚恋交友活动。

16. 新时代工会女职工工作的新任务是什么

开创新时代工会女职工工作新局面，需要在总结延续已有的好经验、好做法的基础上，不断开拓工作领域和内容，进一步明确新任务。
（1）坚持正确政治方向。
（2）坚持服务经济社会发展。
（3）坚持维权服务精准化。
（4）坚持加强自身建设。

17. 保障妇女就业权的策略措施有哪些

根据《中国妇女发展纲要（2021—2030年）》，保障妇女就业权的策略措施主要如下。

（1）加大消除就业性别歧视工作力度。全面落实消除就业性别歧视的法律法规政策，创造性别平等的就业机制和市场环境。对招聘、录用环节涉嫌性别歧视的用人单位进行联合约谈，依法惩处。督促用人单位加强就业性别歧视自查自纠。发挥劳动保障法律监督作用，对涉嫌就业性别歧视的用人单位提出纠正意见，或者向相关行政部门提出处理建议。依法受理涉及就业性别歧视的诉讼。发挥行业协会、商会协调监督作用，提高行业自律意识。党政机关、国有企事业单位在招录（聘）和职工晋职晋级、评定专业技术职称等方面发挥男女平等的示范引领作用。

（2）促进妇女就业创业。健全公共就业服务体系，深化就业服务专项活动，促进妇女就业的人岗对接。充分发挥现代服务业和新业态吸纳妇女就业的功能，支持妇女参与新业态新模式从业人员技能培训。加大帮扶力度，多渠道帮助就业困难妇女实现就业。扶持民族传统手工艺品产业发展，提高组织化程度，促进各族妇女就地就近就业。支持女性科技人才投身科技创业，发展农村电子商务，鼓励外出务工妇女返乡创业，支持有意愿的妇女下乡创业。创新金融、保险产品和服务模式，拓宽妇女创业融资渠道。

（3）促进女大学生就业创业。加强职业生涯规划指导服务，引导女大学生树立正确的择业就业观，提升就业能力。完善落实就业创业支持政策，高校和属地政府提供不断线的就业服务，拓宽女大学生市场化社会化就业渠道。鼓励女大学生到基层、中小微企业或新经济领域就业。推广女大学生创业导师制，开展女大学生创新创业大赛，支持女大学生创业。对有就业意愿的离校未就业女毕业生提供就业帮扶。

（4）改善妇女就业结构。完善终身职业技能培训制度，提升妇女职业技能水平，大力培育知识型、技能型、创新型女性劳动者。不断提高妇女在高新技术产业、战略性新兴产业和现代服务业从业人员中的比例。逐步消除职业性别隔离，提高城镇单位就业人员中的女性比例。扩大农村妇女转移就业规模，缩小男女转移就业差距。

18. 如何加强女性专业技术和技能人才队伍建设

《中国妇女发展纲要（2021—2030年）》提出，制定相关政策，强化制度保障，支持女性科技人才承担科技计划项目、参与科技决策咨询、拓展科研学术网络、提升国际影响力和活跃度，完善女性科技人才评价激励机制，培养高层次女性科技人才。实施科技创新巾帼行动，搭建平台、提供服务，激励女性科技人才、技术技能人才立足岗位锐意创新。加强对女性专业技术和技能人才专业知识、科研管理、创新创业等的培训。加强典型宣传,发挥榜样引领作用。

19. 如何改善女性劳动者劳动安全状况

《中国妇女发展纲要(2021—2030年)》提出,广泛开展劳动安全和健康宣传教育,加大《女职工劳动保护特别规定》宣传执行力度,提高用人单位和女性劳动者的劳动保护和安全生产意识。将女职工劳动保护纳入职业健康和安全生产监督管理范围,加强对用人单位的劳动保障监察以及劳动安全和职业健康监督。督促用人单位加强对女职工经期、孕期、哺乳期的特殊保护,落实哺乳时间和产假制度。督促用人单位加强职业防护和职业健康监督保护,保障女职工在工作中免受有毒有害物质和危险生产工艺的危害。

20. 如何保障女职工劳动权益

《中国妇女发展纲要(2021—2030年)》提出,督促用人单位规范用工行为,依法与女职工签订劳动合同,推动签订女职工权益保护专项集体合同。加强劳动保障法律监督。指导用人单位建立预防和制止性骚扰工作机制,完善相关执法措施。加强劳动用工领域信用建设,加大对侵犯女职工劳动权益行为的失信惩戒力度。推动有条件的劳动人事争议仲裁机构设立女职工维权仲裁庭,依法处理女职工劳动争议案件。

21. 如何为女性生育后的职业发展创造有利条件

《中国妇女发展纲要(2021—2030年)》提出,禁止用人单位因女职工怀孕、生育、哺乳而降低工资、恶意调岗、予以辞退、解除劳动（聘用）合同，推动落实生育奖励假期间的工资待遇，定期开展女职工生育权益保障专项督查。为女性生育后回归岗位或再就业提供培训等支持。高校、研究机构等用人单位探索设立女性科研人员生育后科研回归基金。推动用人单位根据女职工需要建立女职工哺乳室、孕妇休息室等设施。支持有条件的用人单位为职工提供福利性托育托管服务。

22. 如何加大培养选拔女干部工作力度

《中国妇女发展纲要（2021—2030 年）》提出，培养忠诚干净担当的高素质专业化女干部，促进女干部不断增强学习本领、政治领导本领、改革创新本领、科学发展本领、依法执政本领、群众工作本领、狠抓落实本领、驾驭风险本领。优化女干部成长路径，注重日常培养和战略培养，为女干部参加教育培训、交流任职、挂职锻炼创造条件和机会。注重从基层、生产一线培养选拔女干部，注重选拔女干部到重要部门、关键岗位担任领导职务。注重保持优秀年轻干部队伍中女干部的合理比例。落实女干部选拔配备的目标任务，在保证质量的前提下实现应配尽配。保障妇女在干部录用、选拔、任（聘）用、晋升、退休各环节不因性别受到歧视。

23. 如何推动妇女积极参与事业单位决策管理

《中国妇女发展纲要（2021—2030 年）》提出，培养选拔优秀女性专业技术人员进入决策管理层。重视在卫生、教育、文化等女性集中的行业提高决策管理层中的女性比例，鼓励妇女积极参与本单位党建和群团组织建设，促进事业单位职工代表大会中的女职工代表比例与事业单位女职工比例相适应。在深化事业单位改革进程中，确保妇女在岗位晋升、职员晋级、职称评聘等方面享有平等的权利和机会。

24. 如何推动妇女广泛参与企业决策管理

《中国妇女发展纲要（2021—2030年）》提出，将女干部选拔配备纳入国有企业领导班子和干部队伍建设规划，加大培养、选拔、使用力度。在深化企业人事制度改革进程中，采用组织推荐、公开招聘、民主推荐等方式，促进优秀妇女进入企业董事会、监事会和管理层。完善企业民主管理制度，促进企业职工代表大会中女职工代表比例与企业女职工比例相适应，支持女职工通过职工代表大会等形式参与企业民主决策、民主管理和民主监督。企业制定相关规章制度，对涉及女职工权益的事项，听取工会女职工委员会的意见，依法经职工代表大会审议通过。

25. 什么是工会女职工组织

工会女职工组织是工会负责开展女职工工作内设机构的统称，在同级工会领导下和上级工会女职工组织指导下，根据女职工的特点和意愿开展工作。健全的组织机构、组织制度和工作制度，是开展工作的保障和基础。各级工会应按照《工会法》《中国工会章程》《企业工会工作条例》《工会女职工委员会工作条例》和《中华全国总工会关于加强新时代工会女职工工作的意见》等相关规定，建立健全工会女职工组织，并完善女职工组织的各项制度建设。

26. 关于建立女职工组织有什么规定

《工会法》第十一条中规定：女职工人数较多的，可以建立工会女职工委员会，在同级工会领导下开展工作；女职工人数较少的，可以在工会委员会中设女职工委员。

《中国工会章程》第十四条规定："各级工会建立女职工委员会，表达和维护女职工的合法权益。女职工委员会由同级工会委员会提名，在充分协商的基础上组成或者选举产生，女职工委员会与工会委员会同时建立，在同级工会委员会领导下开展工作。企业工会女职工委员会是县或者县以上妇联的团体会员，通过县以上地方工会接受妇联的业务指导。"

27. 工会女职工组织机构包括哪些

工会女职工组织机构大致可以分为全国性机构、地方性机构、产业性机构和基层组织。

（1）全国性工会女职工组织机构

全国总工会女职工委员会是在中华全国总工会领导下的具有民主性、代表性的全国性的女职工组织。全国总工会女职工委员会委员由各省、自治区、直辖市总工会和中央直属机关、中央国家机关工会联合会与各全国产业工会的女主席（或副主席），或女职工委员会主任，中共中央、国家有关部门及全国总工会机关相关业务部门的负责人，社会女专家学者等组成，并设顾问若干人。全国总工会女职工委员会主任由全国总工会分管女职工工作的女副主席担任，副主任由全国总工会女职工部部长担任。女职工委员会下设办公室，全国总工会设立的女职工部同时承担女职工委员会办公室的职责，由部长和副部长主持日常工作，重大问题提交女职工委员会常委会讨论决定。

（2）地方性工会女职工组织机构

地方工会女职工委员会是按照国家行政区划所建立的省（自治区、直辖市）、地（市）、自治州、县（自治县）等地方总工会的女职工委员会。地方工会女职工委员会是地方所属的女职工委员会和各地方产业工会女职工委员会的领导机关。省、地（市）级总工会女职工委员会的工作机构是同级工会女职工部，同时承担女职工委员会办公室工作。县级工会女职工委员会根据需要设立专职或兼职的工作人员，有条件的也可以设立女职工部，负责女职工委员会的日常工作。

（3）产业性工会女职工组织机构

产业工会女职工委员会是按照同一国民经济部门或性质相近的几个国民经济部门所组建的全国性和地方性的产业工会的女职工委员会。除中华全国铁路工会、中国民航工会、中国金融工会所属女职工委员会受其产业工会领导外，地方产业工会女职工委员会实行以地方产业工会领导为主，同时接受地方工会女职工委员会和上级产业工会女职工委员会的领导。

（4）基层工会女职工组织

基层工会女职工组织指企业、事业单位、机关、社会组织的工会女职工委员会。各级工会女职工委员会在接受同级工会领导的同时接受上级工会女职工委员会的指导。

基层工会委员会有女会员10人以上的建立女职工委员会，不足10人的设女职工委员。

28. 工会女职工委员会是如何产生的

工会女职工委员会由同级工会委员会提名，在充分协商的基础上产生，也可召开女职工大会或女职工代表大会选举产生。注重提高女劳动模范、一线女职工和基层工会女职工工作者在工会女职工委员会委员中的比例。县以上工会女职工委员会根据工作需要可以聘请顾问若干人。女职工委员会与工会委员会同时筹备、同时产生（或换届）、同时报批，努力实现在已建工会组织单位中女职工组织的全覆盖。

29. 如何加强工会女职工组织机构建设

省、自治区、直辖市，设区的市和自治州总工会，实行垂直领导的产业工会，机关、事业单位工会，根据工作需要，按照机构编制管理权限，经机构编制部门同意，设立女职工委员会办公室（女职工部）或明确女职工工作责任部门，安排专人负责女职工委员会的日常工作。县（旗）、自治县、不设区的市，乡镇（街道），村（社区），企业和其他社会组织等工会，根据工作需要安排专人负责女职工工作。企业工会女职工委员会是县或者县以上妇联的团体会员，通过县以上地方工会接受妇联的业务指导。

30. 企业是否应当建立妇联组织

不应当。中央办公厅发布的《全国总工会、全国妇联关于在企业女职工工作中进一步加强合作的通知》（厅字〔1991〕25号）明确：妇联不在企业建立组织。妇联对企业女职工工作提出的要求，通过同级工会统一部署。妇联到企业对女职工工作进行调查研究，工会应积极给予协助。《中华全国妇女联合会章程》明确：妇女联合会在乡镇、街道，行政村、社区，机关和事业单位、社会组织等建立基层组织。

31. 工会女职工委员会是否属于妇女组织，它与妇联组织是什么关系

工会女职工委员会属于妇女组织，是妇联的团体会员，通过县以上工会接受妇联的业务指导。中央办公厅发布的《全国总工会、全国妇联关于在企业女职工工作中进一步加强合作的通知》（厅字〔1991〕25号）明确要求如下。

（1）女职工是工人阶级队伍的重要组成部分，又是妇女群众的骨干力量，女职工工作是工会工作的一部分，也是妇联工作的一部分。工会、妇联要在同级党委的领导下，密切联系，团结合作，相互支持，相互尊重，共同做好女职工工作。

（2）企业女职工工作以工会为主，妇联配合。企业工会女职工委员会是县或县以上妇女联合会的团体会员，接受妇联的业务指导。

《中华全国妇女联合会章程》有关规定如下。

第十条：妇女联合会实行全国组织、地方组织、基层组织和团体会员相结合的组织制度。

第二十九条：企业基层工会女职工委员会及其以上各级工会女职工委员会是妇女联合会的团体会员。

第三十一条：妇女联合会应加强同团体会员的联系，帮助和支持团体会员开展工作。团体会员应接受妇女联合会业务指导。

32. 工会女职工委员会作为妇联的团体会员，在开展女职工工作时应注意哪些事项

（1）工会女职工委员会要主动争取妇联的支持与指导，充分发挥

妇联团体会员的作用。

（2）基层工会女职工委员会在接受工会领导的同时，通过县以上地方工会接受妇联的业务指导。

（3）县以上工会和妇联的领导干部实行双向兼职，加强工作联系，相互参与工作意见，使双方在女职工工作中的配合与协作具有可靠的组织保证。

（4）地方各级工会和妇联建立工作联系制度，通过召开联席会议或相互参加有关会议，互通情况，密切协商，相互支持。

33. 工会女职工委员会的工作制度有哪些

工会女职工委员会的工作制度在2022年4月25日全国总工会发布的《中华全国总工会关于加强新时代工会女职工工作的意见》和2024年5月9日中华全国总工会第八届女职工委员会第一次会议通过的《工会女职工委员会工作条例》中作了明确规定，主要有以下几方面内容。

（1）女职工委员会实行民主集中制。民主集中制是工会的组织原则，也是工会女职工委员会的组织原则。凡属重大问题，要广泛听取女职工意见，由委员会或常务委员会进行充分的民主讨论后作出决定。

（2）女职工委员会根据工作需要制定有关制度，每年召开1至2次常务委员会和委员会会议，遇有重大问题，由主任或副主任临时召集会议。

（3）工会女职工委员会要定期向同级工会委员会和上级工会女职工委员会报告工作。

（4）县以上各级工会女职工委员会要把工作重心放在基层，增强基层女职工组织的活力，为广大女职工服务。

（5）各级工会要为工会女职工委员会开展活动提供必要的经费，所需经费应列入同级工会的经费预算。

34. 加强基层工会女职工组织建设的基本要求是什么

为了进一步加强工会女职工组织对基层女职工工作的指导和规范化建设，2022年4月25日全国总工会发布了《关于加强新时代工会女职工工作的意见》，强调加强基层工会女职工组织建设的基本要求是要组织健全、作用有效。具体如下。

（1）扩大工会女职工组织覆盖。坚持以工会组织建设带动工会女职工组织建设，女职工组织与工会组织同时筹备、同时产生（或换届）、同时报批，努力实现在已建工会组织单位中女职工组织的全覆盖。着力加强产业工会、区域（行业）工会联合会以及乡镇（街道）、村（社区）、工业园区工会女职工委员会建设，建立健全工会女职工组织体系。将工会女职工组织建设工作纳入模范职工之家、劳动关系和谐企业创建以及会员评议职工之家活动等各项评比内容。

（2）加强工会女职工组织机构建设。省、自治区、直辖市，设区的市和自治州总工会，实行垂直领导的产业工会，机关、事业单位工会，根据工作需要，按照机构编制管理权限，经机构编制部门同意，设立女职工委员会办公室（女职工部）或明确女职工工作责任部门，安排专人负责女职工委员会的日常工作。县（旗）、自治县、不设区的市，乡镇（街道），村（社区），企业和其他社会组织等工会，根据工作需要安排专人负责女职工工作。企业工会女职工委员会是县或者县以上妇联的团体会员，通过县以上地方工会接受妇联的业务指导。

（3）推动工会女职工组织运行制度化规范化。落实女职工委员会向同级工会委员会和上级工会女职工委员会报告工作制度，完善工会女职工委员会委员发挥作用制度。发挥女职工工作联系点、女职工工作信息员、社会化工会工作者、工会积极分子、工会工作志愿者以及社会组织作用。完善女职工工作培训制度，将女职工工作作为工会干部教育培训的重要内容，引导工会领导干部增强重视和支持女职工工作的意识；通过定期举办工会女职工工作干部培训班，逐步实现教育培训对专兼挂工会女职工工作干部的全覆盖。注重培育不同层面工会女职工组织先进典型，以点带面推进工会女职工工作。

35. 推进基层工会女职工组织建设应重点把握哪些要求

一是按照统筹兼顾、突出重点、分类指导、整体推进的原则，既要推动基层工会女职工组织的建立，又要注重基层工会女职工组织作用的发挥；既要巩固和发展公有制企业、事业单位和机关的工会女职工组织，又要进一步规范非公有制经济组织、社会组织的工会女职工组织。

二是努力实现在已建工会组织的单位中女职工组织的全覆盖。

三是要在巩固公有制企业女职工组织建设成果的基础上，着力加强非公有制企业以及现代服务业等重点产业领域和企业集中的经济开发区、商贸楼宇、集贸市场等重点领域的女职工组织建设。

四是要加强工会女职工组织规范化建设，充分激发组织活力，切实发挥基层工会女职工组织在协调劳动关系、促进经济高质量发展、构建和谐社会中的重要作用。

36. 搞好工会领导机关的女职工组织建设，应重点注意哪些问题

县以上工会领导机关中的女职工组织体系比较健全。搞好工会领导

机关的女职工组织建设，应重点注意以下几个方面的问题。

第一，各级工会领导要提高对女职工工作重要性的认识，切实将女职工工作纳入工会工作的重要议事日程，把工会女职工组织建设纳入工会组织建设的总体规划，为构建全会抓女职工工作、女职工工作为工会全局服务的工作格局创造条件。

第二，各级工会要按照《工会法》《中国工会章程》《工会女职工委员会工作条例》《企业工会工作条例》等有关文件的要求建立女职工委员会，确定合理的人员编制，配齐配强女职工部门工作干部，并落实好相关人员的待遇。

第三，在各级工会机构改革过程中，女职工组织不能削弱，更不能撤销。对已经出现的撤并或削弱工会女职工组织、降低女职工工作干部待遇的现象应及时予以纠正。

第四，充分保障工会女职工工作经费。

第五，强化工会女职工组织在对外宣传、拓宽参与渠道等方面的协调力度，使之更好地发挥作用。

第六，要加大对乡镇、社区、街道等工会女职工组织建设工作的指导，以适应新形势发展的需要。

37.如何推动工会女职工组织运行制度化、规范化

落实女职工委员会向同级工会委员会和上级工会女职工委员会报告工作制度，完善工会女职工委员会委员发挥作用制度。发挥女职工工作联系点、女职工工作信息员、社会化工会工作者、工会积极分子、工会工作志愿者以及社会组织作用。完善女职工工作培训制度，将女职工工作作为工会干部教育培训的重要内容，引导工会领导干部增强重视和支持女职工工作的意识；通过定期举办工会女职工工作干部培训班，逐步

实现教育培训对专兼挂工会女职工工作干部的全覆盖。注重培育不同层面工会女职工组织先进典型，以点带面推进工会女职工工作。

38. 如何推进实现工会女职工组织全覆盖

一是明确推进实现全覆盖的原则。实现在已建工会单位中女职工组织全覆盖，应坚持的基本原则是：坚持女职工组织建设与工会组织建设"三同时"；坚持突出重点、突破难点，针对薄弱环节，加强对重点领域、行业和企业的分类指导，探索创新组建形式，集中力量，重点突破；坚持扎实推进、注重实效，建立和完善工作运行机制、监督检查机制、目标考核机制。

二是掌握推进全覆盖工作的要求。将"两个覆盖"纳入全会重点工作同步推进，加大重点企业、重点领域推进工作力度，加强推进"两个覆盖"的制度建设，加强督导检查。

39. 工会女职工工作干部如何配备

（1）女职工委员会主任由同级工会女主席或女副主席担任，也可经民主协商，按照相应条件配备，享受同级工会副主席待遇。女职工委员会主任应提名为同级工会委员会或常务委员会委员候选人。

（2）女职工200人以上的企业、事业单位、社会组织工会女职工委员会，应配备专职女职工工作干部。

（3）女职工委员会委员任期与同级工会委员会委员任期相同。在任期内，由于委员的工作变动等原因需要调整时，由工会女职工委员会提出相应的替补、增补人选，经同级工会委员会审议通过予以替补、增补，并报上级工会女职工委员会备案。

（4）各级工会女职工委员会要按照革命化、年轻化、知识化、专业化的要求和德才兼备、以德为先、任人唯贤的原则，努力建设一支政治坚定、业务扎实、作风过硬、廉洁自律、热爱女职工工作，深受女职工信赖的干部队伍。

（5）各级工会女职工委员会要加强对女干部的培养，重视培训工作，提高女干部队伍的整体素质。

40. 提高工会女职工工作干部素质的重要性和迫切性是什么

建设一支高素质的工会女职工工作干部队伍，是做好工会女职工工作的基础和保障。长期以来，广大工会女职工工作干部对工会事业充满激情，对女职工工作充满热情，对女职工充满感情，以高度的事业心和责任感、爱岗敬业、务实创新、任劳任怨、无私奉献，全心全意为广大女职工服务，为推进工会女职工工作做出了突出贡献。但同时也要深刻认识到，面临新形势、新任务，工会女职工工作也对工会女职工工作干部素质提出了新的更高的要求。党的二十大报告强调，全面建设社会主义现代化国家，必须有一支政治过硬、适应新时代要求、具备领导现代化建设能力的干部队伍。这是党对干部队伍建设的要求，也是新时代工会女职工工作实现创新与发展的需要。在完善社会主义市场经济体制的历史进程中，女职工工作干部肩负着教育引导女职工以主人翁的姿态支持改革、投身改革的重任；肩负着把大量非公有制企业女职工、女农民工、新就业形态女职工组织到工会中来、团结在党的周围的重任；肩负着表达和维护女职工合法权益、竭诚为女职工服务，团结动员女职工为全面建设社会主义现代化国家建功立业的重任。因此，工会女职工工作干部必须努力加强自身能力建设，切实提高服从服务于党和国家工作大局的能力，切实提高组织、动员、依靠和服务女职工的能力，切实提高表达和维护女职工合法权益的能力，切实提高构建和谐稳定社会主义新型劳动关系的能力，切实提高工会女职工组织理论创新、体制创新和工作创新的能力，努力成为工会女职工工作的行家里手，更好地完成时代赋予的历史使命。

41. 工会女职工工作干部素质的主要内容有哪些

工会女职工工作干部素质的主要内容如下。
（1）要有较高的政治思想素质。
（2）要有较好的业务素质。
（3）要有较强的责任意识。
（4）要有求真务实的工作作风。
（5）要有良好心理素质。

42. 提高工会女职工工作干部素质的主要途径有哪些

提高工会女职工工作干部素质的主要途径如下。
（1）政治历练。引导工会女职工工作干部在党性教育中知敬畏、存戒惧、守底线，遵守党内政治生活原则，自觉做共产主义远大理想和中国特色社会主义共同理想的坚定信仰者、忠实实践者，始终忠诚党的事业、竭诚服务职工，增强做好职工群众工作的本领。引导工会女职工工作干部不断提高政治判断力、政治领悟力、政治执行力。通过全面系统学习理论知识，增强思想理论修养，做到在大是大非面前态度鲜明、立场坚定。
（2）教育培训。通过培训，达到提高思想、理论、业务和管理水平，增强决策能力，学习掌握新的知识和工作方法的目的。全国总工会女职工委员会负责培训省级工会女职工工作干部；省（区、市）总工会女职工委员会负责培训地（市）、县（区）工会女职工工作干部；地（市）、县（区）工会女职工委员会负责培训基层工会女职工工作干部。

培训方式主要分为岗位培训和委托代培。岗位培训是目前对工会女职工工作干部进行培训的最常用的方式，是指按照岗位职务要求所进行的定向培训，是在一定文化和技能基础上进行的综合性培训。它以岗位职务规范为依据，把培训与实际工作需要结合起来，注重工作能力的提高。全国总工会和各省（区、市）总工会都建立了工会系统干部培训的基地和网络，并拥有较强的师资力量，为女职工工作干部的岗位培训打下了良好基础。委托代培是指对女职工工作中专业性较强岗位的干部，委托各级党校、专业院校等，通过一定时间的正规学习，或通过举办专修班、进修班等，培养女职工工作中某一方面的专门人才。

（3）实践锻炼。读书是学习，使用也是学习，而且是更重要的学习。实践出真知，实践长才干。在工作实践中加强锻炼也是提高工会女职工工作干部素质的重要途径。由于脱产学习机会有限，在工作实践中学习提高，已成为女职工工作干部提高自身素质的最重要途径。在条件允许的情况下，还可以选送优秀女职工工作干部到基层挂职锻炼，在直接面向女职工服务的实践中全面提高素质和工作能力。

43. 加强对工会女职工工作干部的管理主要包括哪些方面

加强对工会女职工工作干部的管理主要包括干部的配备、干部考核和干部监督三方面。

（1）在干部的配备上，要严格按照"信念坚定、为民服务、勤政务实、敢于担当、清正廉洁"的好干部标准,坚持德才兼备、以德为先的原则,选拔那些热爱女职工工作、有较高理论政策水平和领导能力、具有开拓创新精神的女干部到女职工工作岗位工作。

(2)在专职女职工工作干部的考核上,推进女职工工作考核评价机制。要结合年度考评制度,对思想好、作风正、业绩突出的女职工工作干部予以奖励,激励女职工工作干部自觉提升素质和能力。

(3)强化干部监督。要认真贯彻落实全面从严治党总体要求,坚持严管与厚爱相结合、激励与约束并重,不断完善党内监督和群众监督,激发工会女职工工作干部的积极性、主动性。

44. 工会对女职工工作干部的培养主要内容有哪些

工会对女职工工作干部的培养主要内容如下。一是在干部的培养、使用、晋升、学习、交流等环节上,做到对女职工工作干部一视同仁,并争取优先考虑。二是加大教育培养和选拔交流的力度,积极探索推荐和培养女职工工作干部的有效方式和途径,努力形成有利于工会女职工工作干部成长的机制。三是在政治上要严格要求,把好思想品质关;在工作上要大胆放手,创造宽松环境;在生活上要关心爱护,协调有关方面落实好干部待遇。各级工会女职工委员会要成为培养和输送女干部的基地。

45. 如何构建工会女职工工作的统筹协调机制

《中华全国总工会关于加强新时代工会女职工工作的意见》提出,做好对内统筹,各级工会相关部门、产业工会和直属单位结合工作职能,将女职工工作纳入工作规划、年度安排、重点工作中研究部署、统筹考虑，汇聚资源力量，合力推动女职工工作。做好对外协调，积极争取人社、卫健等政府部门的支持，发挥专家智库作用，整合社会资源，延长工会女职工工作手臂；在现有体制机制不变的前提下，密切与妇联等群团组织的联系合作，凝聚强大合力，共同做好党的群众工作。

46. 如何加强工会女职工工作调查研究

《中华全国总工会关于加强新时代工会女职工工作的意见》提出，要深化对党领导下的工运事业和妇女事业重大成就及历史经验的学习研究，把握工会女职工工作规律性认识，推进理论创新和实践创新。聚焦党中央决策部署和工会重点工作，立足新时代职工队伍和劳动关系发展变化，定期开展女职工队伍状况调查和专题调研。加强调研设计，提高调研质量，及时通报、交流调研成果，加大优秀调研成果宣传力度，推动形成工作性意见、转化为政策制度。

47. 如何加强工会女职工工作品牌塑造创新

《中华全国总工会关于加强新时代工会女职工工作的意见》提出，要强化品牌意识，推动工会女职工工作传统特色品牌的巩固拓展和发展提升，持之以恒做优做强女职工普法宣传、女职工权益保护专项集体合同、玫瑰书香、会聚良缘、爱心托管、托育服务、女职工休息哺乳室等特色品牌，不断赋予品牌新内涵、新亮点，发挥品牌示范引领效应。结合实际及时发现培育、总结提炼基层典型经验，努力创建更多体现时代特色和地域特点的工作品牌，增强工会女职工工作的社会影响力。

48. 工会女职工工作如何用好网上工作平台

《中华全国总工会关于加强新时代工会女职工工作的意见》提出，顺应数字化、信息化、智能化时代发展趋势，依托各级网上工会、智慧工会平台，探索设置符合女职工特点和需求的女职工工作专区，打造快捷高效的女职工工作网上矩阵，提高活动参与度和服务覆盖面，使广大女职工网上网下都能找到娘家人。发挥工会网上舆论阵地和主流网络媒体作用，加强女职工网上引领和女职工工作网上宣传，营造尊重关心女职工、关注支持工会女职工工作的社会氛围。

49. 如何加强对工会女职工工作的组织领导

《中华全国总工会关于加强新时代工会女职工工作的意见》提出，各级工会要高度重视女职工工作，加强对女职工工作的领导，将女职工工作列入重要议事日程，纳入工会工作整体部署。每年至少召开一次党组（党委）会议专题听取女职工工作情况汇报，及时研究解决女职工工作发展中的重大问题。

50. 如何加大对工会女职工工作的支持保障力度

《中华全国总工会关于加强新时代工会女职工工作的意见》提出，各级工会要赋予女职工工作更多资源手段。选优配强工会女职工工作干部。加大对工会女职工工作的经费支持和保障力度，落实《基层工会经费收支管理办法》，基层工会开展职工子女托管、托育以及"六一"儿童节慰问活动等职工子女关爱服务所需经费，可从工会经费中列支。加强正向激励，将女职工工作情况作为评优评先的重要参考。

51. 提高女职工素质的重要性和必要性是什么

女职工素质指女职工所具备的知识水平、思想道德品质、心理承受能力、业务技能、职业能力、法律素养、创新精神、观念、气质、性格、身体状况等诸多因素的总和，是决定女职工自身发展的重要条件。提高女职工素质是提高全国职工素质建设任务中必不可少的组成部分。根据《全国职工素质建设工程五年规划（2021—2025年）》精神，具体包括提高思想道德素质、科学文化素质、技术技能素质、民主法治素质，以及提高心理、生理和体能素质等各方面。

女职工是职工队伍的重要组成部分，是推动中国改革开放和现代化建设的一支重要力量。提高女职工队伍整体素质，特别是技术技能水平，有利于进一步调动广大女职工参与经济社会建设的积极性、主动性和创造性，使女职工中蕴藏的创造活力和聪明才智得到充分体现；有利于进一步弘扬劳模精神、劳动精神、工匠精神和工人阶级伟大品格，推动形成尊重劳动、尊重知识、尊重人才、尊重创造的良好社会氛围；有利于进一步促进高素质女性人才的培养，造就一支适应现代化建设要求的女职工队伍，在推动高质量发展、全面建设社会主义现代化国家的伟大实践中，充分发挥女职工的主力军作用。

（1）提高女职工素质是落实科教兴国、人才强国战略和创新驱动发展战略的必然要求。

（2）提高女职工素质是落实《新时期产业工人队伍建设改革方案》的重要举措。

（3）提高女职工素质是促进女职工全面发展，实现女职工自身价值的重要保障。

（4）提高女职工素质是增强女职工社会竞争力的有效途径。

52. 如何提高女职工思想道德素质

提高女职工的思想道德水平是提高女职工整体素质的基础。对女职工思想道德教育的内容，应根据党和工会在不同时期的任务和女职工的思想状况来确定。在新时代，就是要以马列主义、毛泽东思想、邓小平理论、"三个代表"重要思想、科学发展观、习近平新时代中国特色社会主义思想为指导，不断增进广大女职工对新时代党的创新理论的政治认同、思想认同、情感认同。要深入学习习近平总书记关于工人阶级和工会工作、关于妇女工作的重要论述，深刻领悟"两个确立"的决定性意义，增强"四个意识"，坚定"四个自信"，做到"两个维护"，在政治上、思想上、行动上同以习近平同志为核心的党中央保持高度一致。强化理想信念教育，深化中国特色社会主义和中国梦宣传教育，引导女职工坚定不移听党话、矢志不渝跟党走。要大力弘扬劳模精神、劳动精神、工匠精神，组织开展巾帼劳模工匠论坛、宣讲等活动，进一步发挥先进典型示范引领作用。要对女职工进行国情、形势和政策教育，使她们明确形势任务，坚定改革必胜的信心，以党和国家利益为重，发扬主人翁精神，积极支持改革、参与改革。要深入推进"四德""四自"教育，引导女职工继承和弘扬中华优秀传统文化，自觉培育和践行社会主义核心价值观。深化"中国梦·劳动美——女职工在行动"主题教育活动，引导女职工把实现个人理想、岗位建功立业与实现中国梦紧密结合起来，汇聚同心共筑中国梦的强大力量。要加强新时代家庭家教家风建设，倡导开展"培育好家风——女职工在行动"主题实践活动，推动社会主义核心价值观在家庭落地生根。要广泛开展面向女职工的普法宣传教育，引导女职工增强法治观念，做社会主义法治的忠实崇尚者、自觉遵守者、坚决捍卫者。

53. 如何提高女职工科学文化素质

为了适应现代科学技术发展和建设学习型社会、创新型国家的要求，女职工要掌握基本的自然科学知识和社会科学知识。在新时代，知识经济的发展将进一步推动就业结构的变革，传统的劳动力逐渐过剩，高新技术人才短缺。女职工只有不断提高科学文化素质，才能适应科学技术发展的需要，在改革的大潮中立于不败之地。工会女职工组织要充分利用工会女职工培训示范学校、女职工周末学校、流动课堂、网络课堂等，广泛开展科学文化知识的教育传播与普及，着力推出一批女职工培训精品课程，形成多渠道、多层次、开放式的女职工学习培训新格局，为女职工接受继续教育提供多样化途径，鼓励和帮助女职工提升学历层次。深入开展女职工读书活动，充分利用职工书屋，组织推荐好书、读书沙龙、征文、演讲等活动，引导广大女职工树立终身学习理念，激发和调动女职工获取知识、更新知识的积极性主动性。要引导女职工养成善于学习、勤于思考的习惯，帮助女职工实现学以养德、学以增智、学以致用。

54. 如何提高女职工技术技能素质

素质是立身之基，技能是立业之本。促进女职工技术技能素质提高，需要贯彻尊重劳动、尊重知识、尊重创造的方针，激励更多女职工走技能成才、技能报国之路。要围绕提高职工技术素质、推动加快经济发展方式转变，根据行业和女职工特点，广泛开展女职工岗位创新技能竞赛，组织动员女职工积极参加岗位练兵、技能比赛、技术交流、师徒帮带等活动，不断拓展竞赛项目，扩大参与覆盖面，增强竞赛的实用性及实效性,为女职工切磋技艺、提升技能搭建平台。适应就业方式和企事业用工需求的变化,针对在岗女职工、下岗女职工、女大学生等不同群体开展多种类型的技术技能培训,提高技能培训的针对性和实效性,帮助女职工不断提高技术等级,为女职工就业、创业和发展创造条件。要推动构建女职工技能形成体系,加大在岗培训力度,完善技能人才激励政策,鼓励女职工在关键领域、核心技术上大胆创新、大胆突破;健全女性技能人才培养、使用、评价、激励制度,加快培养大批高素质女性劳动者和技术技能人才。推进女职工创新班组、创新团队建设,因地制宜地培育、选树女职工"创新工作室""创新示范岗"等,总结推广女职工优秀技术创新成果,积极争取将其纳入职工创新成果评选,促进女职工优秀技术创新成果的应用和转化,为女职工搭建施展创新才能的平台。要通过开展合理化建议活动,组织动员广大女职工广泛参与,挖掘女职工潜能。

55. 如何提高女职工民主法治素质

加强女职工队伍民主法治素质建设,主要是提高女职工法治意识和法治素养,提高女职工民主管理的意识和能力。在具体工作中,需要以"八五普法"为抓手,通过加大普法宣传力度,完善普法宣传教育机制,通过多种途径和方式,提高女职工权益保护法律法规知识知晓率,引导广大女职工学法守法用法,增强法治观念,养成办事依法、遇事找法、解决问题用法、化解矛盾靠法的法治思维和行为习惯。加强职工代表大会、厂务公开、集体合同等民主管理和集体协商知识的普及与培训,增强女职工民主协商、民主参与、民主管理和民主监督意识。

56. 如何提高女职工心理素质和体能素质

良好的心理素质和体能素质对于激发女职工参与经济社会建设的积极性、主动性和创造性至关重要。各级工会女职工组织要通过咨询辅导、服务热线、开展联谊活动等形式，深入开展"心理援助进企业"等活动，对不同群体的女职工开展心理关怀、婚恋关怀等服务，多途径多形式向女职工传播心理健康新理念，帮助女职工解决实际问题，引导女职工保持健康积极的心态。要帮助广大女职工面对企事业改革改制、就业、生活等压力，及时调整心态；在工作、学习和生活中，建立良好的人际关系，妥善处理事业与家庭的矛盾，增强符合社会发展和岗位变化的适应能力和承受能力；增强心理调适能力，缓解职场心理压力，以积极健康的心态面对工作和生活；了解女性生理卫生常识和保健知识，掌握保护自身健康的基本方法，预防疾病。各级工会女职工组织还要针对女职工的心理和生理状况，开展女性健康知识教育和心理咨询等活动，帮助她们提高关爱生命与注重健康的理念，提高保健意识和健康水平。要组织女职工参加健康有益的文体活动，引导女职工树立科学文明的健康意识，不断提升体能素质。开展女性健康职业安全卫生知识教育，提高安全意识和职业健康意识，以积极的心态和健康的体魄迎接新的挑战。

57. 提高女职工素质的基本方法有哪些

在长期的实践中，各级工会女职工组织结合实际，不断探索，大胆创新，总结出自我达标、建立和选树周末（业余）学校、女职工培训示范学校等提高女职工素质工作的经验和做法，并在实践中不断完善，显现出很大的吸引力和旺盛的生命力。在新时代，各级工会女职工组织要发扬成绩，开拓创新，不断探索提高女职工素质的有效方法。

（1）为女职工提升素质搭建平台。要适应市场经济的要求和女职工的实际，从工会女职工组织的特点和优势出发，针对不同行业、不同类型以及不同层面女职工的实际，通过素质达标活动、开办女职工培训示范学校、业余学校、召开现场交流会等形式，组织丰富多彩的素质教育和活动，寓学习于工作之中，寓教育于活动之中，学习工作化，工作学习化，以女职工喜闻乐见的形式，吸引女职工的广泛参与。面向日趋增多的女农民工，大力开展以提升女职工综合素质为目标的各种职业技能培训。要帮助女职工通过专业技术考核取得相应的资格证书，晋升技术等级和职称，使学习成果得到认可并学有所用，以调动和发挥女职工获取知识、更新知识、提高能力的积极性和主动性，培养造就高层次人才，促进各行各业女职工人才的协调发展。

（2）开展主题教育活动。要利用"三八""五一""七一"国庆节等重要纪念日及重大历史事件等，在广大女职工中开展以为人民服务为核心，以爱祖国、爱人民、爱科学等为基本内容的理想信念教育，引导其自觉践行社会主义核心价值观。要结合党和国家的发展以及形势的要求，开展形式多样的主题教育活动，大力弘扬劳模精神、劳动精神、工匠精神和工人阶级伟大品格，以正确的舆论引导女职工，用崇高的精神塑造女职工，通过弘扬培育民族精神和加强职业道德教育，培养女职工高尚的道德情操和职业操守，促进形成团结互助、平等友爱、共同前进的和谐人际关系。

（3）开展"玫瑰书香"主题阅读等读书自学活动。全国总工会女职工委员会办公室从2021年起在全国范围内开展"玫瑰书香"主题阅读活动，打造独具特色的女职工阅读品牌，组织开展了一系列主题鲜明、内容丰富、形式多样的线上线下女职工读书征文、沙龙、微课、诵读、分享交流、成果展示等阅读推广活动，引导女职工多读书、真读书、爱读书，积极营造阅读无处不在、阅读无时不有的良好氛围。要结合生产、生活和女职工的实际，组织开展不同形式的读书活动，营造积极向上、清新高雅、健康文明的学习氛围，激发广大女职工阅读、书写、交流的热情。要坚持读书自学活动与全会开展的"创建学习型组织，争做知识型职工"相结合，与实施女职工提升素质建功立业工程相结合，与女职工本职工作相结合，与女职工自身需要相结合，着力提升女职工的学习能力，鼓励大家学以致用，学习成才。要在女职工中营造全员学习、终身学习、团队学习和工作化学习、学习工作化的氛围，使越来越多的学习型、知识创新型女职工成长起来。

（4）充分利用各类社会教育资源。加强与党政有关部门和企事业的协调和沟通，密切配合、形成合力，为提升女职工素质工作创造有利条件和良好氛围。利用企事业、工会教育培训机构和社会办学条件，优化整合教育培训资源，加大对女职工教育培训和职业技能开发的力度，为完善女职工教育工作创造更好的条件，使工会女职工组织成为培养高素质女职工队伍的大学校。还要利用家庭、社区、校外等场所，组织女职工开展喜闻乐见的各种活动，发挥女职工组织的优势和特色，积极构建学校、家庭、社区三位一体的活动网络。

58. 如何为女职工建功立业搭建平台

按照新发展理念的要求，以推动高质量发展为引领，紧紧围绕经济建设中心，针对企事业发展的重点难点，组织和动员女职工为推进企事业发展和社会进步、实现全面建设社会主义现代化国家宏伟目标贡献智慧和力量；围绕全国总工会开展的职工经济技术创新活动，在广大女职工中广泛开展多种形式的劳动和技能竞赛，为提高企事业经济效益，促进经济社会持续、快捷、健康发展献计献策；根据女职工工作的特点，针对不同行业、不同所有制单位以及不同层面女职工群体，开展适合企事业需要、突出女职工特色的各种竞赛活动。通过丰富多彩和形式多样的活动，为女职工建功立业提供平台、创造条件、搞好服务。

二、女职工权益维护

59. 维护女职工合法权益和特殊利益的重要性是什么

女职工的合法权益指女职工享受宪法及其他法律法规规定的公民、职工享有的权益；同时，还享受国家对妇女规定的权益，包括政治权利、人身和人格权益、文化教育权益、劳动和社会保障权益、财产权益、婚姻家庭权益。女职工的特殊利益是指女职工除享受国家规定的妇女应享有的合法权益外，还享受国家针对女职工生理、心理特点而制定的特殊利益保护措施。

依法维护女职工的合法权益和特殊利益，切实保障女职工在国家政治、经济、文化和社会生活中的平等地位和各项权益，是党和国家的一贯政策，是工会组织的重要职责，同时也是全社会的责任。它对于促进男女平等、构建和谐社会、实现社会公正、推动经济社会高质量发展具有十分重要的意义。

（1）维护女职工合法权益和特殊利益是经济社会发展和进步的需要。

（2）维护女职工合法权益和特殊利益是女职工自身发展的需要。

（3）维护女职工合法权益和特殊利益是女职工的现实要求。

（4）维护女职工合法权益和特殊利益是工会女职工组织的基本职责。

60. 为什么说维护女职工合法权益和特殊利益是工会女职工组织的基本职责

维护职工合法权益、竭诚服务职工群众是工会组织的基本职责，当然也是工会女职工组织的基本职责。《工会法》第二十三条规定，企业、事业单位、社会组织违反劳动法律法规规定,有侵犯女职工和未成年工特殊权益的,工会应当代表职工与企业、事业单位、社会组织交涉,要求企业、事业单位、社会组织采取措施予以改正;企业、事业单位、社会组织应当予以研究处理,并向工会作出答复;企业、事业单位、社会组织拒不改正的,工会可以提请当地人民政府依法作出处理。《妇女权益保障法》第六条规定,"工会、共产主义青年团、残疾人联合会等群团组织应当在各自的工作范围内,做好维护妇女权益的工作"。《中国工会章程》第十四条中规定,"各级工会建立女职工委员会,表达和维护女职工的合法权益"。各级工会女职工组织一定要始终把维护女职工的合法权益和特殊利益放在首位,要在同级工会领导下,积极参与有关保护女职工权益的法律、法规、政策的制定,并协助和监督有关部门贯彻实施;要积极参与平等协商和签订集体合同工作,努力促使女职工特殊保护内容纳入集体合同制度之中,有些问题可以通过签订单项集体合同或劳动协议予以规定,以确保女职工的特殊利益不受侵害;要建立和完善女职工民主参与、民主管理和民主监督的工作机制。把维护女职工合法权益和特殊利益纳入职工代表大会制度之中,作为厂务公开的重要内容之一。

61. 女职工的政治权利主要包括哪些内容

政治权利指公民有依法通过各种途径和形式参与国家政治生活、管理国家事务、管理经济和文化事业、管理社会事务、对国家大事发表见解、对国家机关和国家机关工作人员以及政党及其组成人员进行监督的权利。政治权利是各项权利中最重要、最关键的部分。妇女要得到彻底解放,发挥积极作用,从而实现真正的男女平等,最重要的就是要实现政治权利上的男女平等。

女职工的政治权利指女职工参与政治的权利和依法享有的利益。《妇女权益保障法》第十二条规定："国家保障妇女享有与男子平等的政治权利。"女职工政治权利的主要内容包括：参与管理国家事务、管理经济和文化事业、管理社会事务权；选举权和被选举权；逐步提高全国人民代表大会和地方各级人民代表大会的妇女代表的比例；国家积极培养和选拔女干部等。

62. 工会女职工组织如何维护女职工的政治权利

工会女职工组织维护女职工的政治权利，主要体现在代表女职工参政议政，为女职工参政议政创造条件，组织女职工参与国家事务和企业、事业单位的民主管理，坚持在职工代表大会、工会会员代表大会中保证女职工代表占一定比例，并保证她们参与讨论企事业生产、管理、生活和企事业改革等重大问题，以充分体现女职工的意愿。坚持在使用和提拔干部上的男女平等、在女职工较多的行业和部门配备一定数量的女领导干部、培养和选拔女干部等。

63. 女职工的人身和人格权包括哪些内容

人身权，指与人身直接相关而没有经济内容的权益。根据《民法典》第九百九十条规定，人格权是民事主体享有的生命权、身体权、健康权、姓名权、名称权、肖像权、名誉权、荣誉权、隐私权等权利。除前款规定的人格权外，自然人享有基于人身自由、人格尊严产生的其他人格权益。

女职工的人身和人格权主要指女职工依法享有的、与女职工自身不可分离的、没有直接财产内容的一种民事权利。《妇女权益保障法》第十八条规定："国家保障妇女享有与男子平等的人身和人格权益。"女职工人身和人格权的主要内容包括：生命权、身体权、健康权、人身自由权、人格尊严、姓名权、肖像权、名誉权、荣誉权、隐私权和个人信息、生育权等。

64. 工会女职工组织如何维护女职工的人身和人格权

工会女职工组织应推动用人单位建立健全预防和制止工作场所性骚扰制度机制，制定禁止性骚扰的规章制度、明确负责机构或者人员、开展预防和制止性骚扰的教育培训活动、采取必要的安全保卫措施、设置投诉电话和信箱等，畅通投诉渠道、建立和完善调查处置程序，及时处置纠纷并保护当事人隐私和个人信息、支持和协助受害女职工依法维权，必要时为受害女职工提供心理疏导等。应加强对女职工经期、孕期、产期、哺乳期和更年期的健康知识普及，推动用人单位定期为女职工安排妇科疾病、乳腺疾病等健康检查，满足女职工在不同生理时期的健康需求；应推动用人单位根据女职工需要，建立孕妇休息室、哺乳室等设施，妥善解决女职工在生理卫生、哺乳方面的困难；积极参与侵害女职工人身权利的案件的调查处理，配合、督促有关行政、司法部门严格依法处理有关女职工的侵权案件，及时了解女职工的呼声，帮助解决女职工所遇到的困难，使女职工的各项人身权利得到切实保障。

65. 女职工的文化教育权益包括哪些内容

女职工的文化教育权益指女职工依法享有的接受教育的权利和从事文学、艺术、科学技术和其他文化活动的权利。根据《妇女权益保障法》的规定，国家保障妇女享有与男子平等的文化教育权利。这包括两个方面。一是国家保障妇女享有接受教育的权利，即父母或者其他监护人应当履行保障适龄女性未成年人接受并完成义务教育的义务；学校和有关部门应当执行国家有关规定，保障妇女在入学、升学、授予学位、派出留学、就业指导和服务等方面享有与男子平等的权利。二是国家保障妇女享有文化权利，即国家机关、社会团体和企业事业单位应当执行国家有关规定，保障妇女从事科学、技术、文学、艺术和其他文化活动，享有与男子平等的权利。这主要是指保障妇女参与各种文化活动的权利和取得智力成果的权利。

66. 工会女职工组织如何维护女职工的文化教育权益

工会女职工组织维护女职工的文化教育权益，主要体现在推动保障女职工在文化教育方面享有与男职工平等的权利，积极为女职工提高文化技术素质和职业技能创造条件，为女职工提供更多的学习、培训、学历提升等终身学习的机会，全面提高女职工的整体素质。组织女职工开展各种文化体育活动，丰富女职工的业余文化生活。

67. 女职工的劳动和社会保障权益包括哪些内容

女职工的劳动和社会保障权益指女职工依据《劳动法》《劳动合同法》《社会保险法》《妇女权益保障法》等享有的劳动与社会保障方面的权利和利益。主要内容有：平等就业和选择职业的权利；取得劳动报酬的权利；休息休假的权利；获得劳动安全卫生保障的权利；接受职业技能培训的权利；享受社会保险和保障的权利；提请劳动争议处理的权利。《妇女权益保障法》第四十一条规定："国家保障妇女享有与男子平等的劳动权利和社会保障权利。"

68. 工会女职工组织如何维护女职工的劳动和社会保障权益

工会女职工组织应依据《劳动法》《社会保险法》《妇女权益保障法》等规定，维护女职工的各项劳动和社会保障权益，配合和监督政府有关部门及用人单位做好保障女职工各项权益措施的实施和落实。工会女职工组织应以多种方式促进各级人民政府和有关部门完善就业保障政策措施，防止和纠正就业性别歧视，为妇女创造公平的就业创业环境，为就业困难的妇女提供必要的扶持和援助；应监督用人单位依法与女职工签订劳动（聘用）合同或者服务协议，劳动（聘用）合同或者服务协议中应当具备女职工特殊劳动保护条款；在集体合同中纳入男女平等和女职工权益保护相关内容，与用人单位平等协商、签订女职工权益保护专项集体合同或设置专章、附件；应推动用人单位实行男女同工同酬，促进女职工在享受福利待遇、晋职、晋级、评聘专业技术职称和职务、培训等方面享有与男职工平等的权利；推动用人单位根据女职工特点，依法保护女职工在工作和劳动时间的安全、健康以及休息的权利。

69. 工会女职工组织如何维护女职工的财产权益

女职工的财产权指以财产利益为内容、直接体现某种经济利益的权益。包括物权和债权等。《妇女权益保障法》规定，国家保障妇女享有与男子平等的财产权利。在夫妻共同财产、家庭共有财产关系中，不得侵害妇女依法享有的权益。

工会女职工组织要通过多种途径和形式，帮助女职工学习和掌握相关法律知识，增强法律意识和自我保护意识，运用法治思维和法治方式维护自身的财产权益。

70. 女职工的婚姻家庭权益包括哪些内容

女职工的婚姻家庭权益指女职工在婚姻、家庭中所享有的法律所规定的权利的总称。妇女的婚姻家庭权益,《妇女权益保障法》《民法典》中都作了规定。如国家保障妇女享有与男子平等的婚姻家庭权利。国家保护妇女的婚姻自主权。禁止干涉妇女的结婚、离婚自由。国家鼓励男女双方在结婚登记前,共同进行医学检查或者相关健康体检。婚姻登记机关应当提供婚姻家庭辅导服务,引导当事人建立平等、和睦、文明的婚姻家庭关系等。为了预防和制止家庭暴力,保护家庭成员的合法权益,维护平等、和睦、文明的家庭关系,促进家庭和谐、社会稳定,中华人民共和国第十二届全国人民代表大会常务委员会第十八次会议于2015年12月27日通过《反家庭暴力法》,自2016年3月1日起施行。

71. 工会如何维护女职工的婚姻家庭权益

工会女职工组织要通过多种形式,教育和帮助女职工学习和掌握相关法律知识,增强法律意识和自我保护意识,运用法律武器维护自己在家庭和婚姻生活中的合法权益不受侵害,倡导男女共同承担家庭责任,同时开展家庭文明建设活动,发挥女职工在家庭文明建设中的重要作用。

72. 为什么强调女职工的特殊利益

之所以强调女职工的特殊利益,原因在于:女职工存在与男职工不同的生理特征，女性的生理机能决定了女职工有经期、孕期、产期、哺乳期的生理变化，需要对女职工进行"四期"保护，任何用人单位均应根据妇女的特点，依法保护妇女在工作和劳动时的安全和健康，不得安排不适合妇女从事的工作和劳动；在社会生活方面，女职工不仅承担着社会物质生产任务，而且还承担着人口再生产的使命，双重的生活任务，决定了女职工比男职工承担着更多的精神与身体负担；在现实生活中，我们国家尽管倡导男女平等，但还是存在着性别歧视现象，女职工权益被侵害的现象还时有发生。女职工的这种特殊性，决定了女职工的特殊利益和特殊要求，决定了女职工工作的特殊性。

73. 工会维护女职工合法权益和特殊利益的主要途径有哪些

新时代，工会女职工组织要认真履行维权服务的基本职责，发挥好依法维护女职工合法权益和特殊利益的作用，就必须要强化创新意识，创新维权方法，拓宽维权途径，通过途径的创新和拓宽，使工会女职工组织的维权服务工作更具有针对性和实效性。

工会维护女职工合法权益和特殊利益的主要途径如下。

（1）加强源头参与，建立女职工维权工作机制。

（2）开展普法宣传，营造全社会关注女职工权益的良好氛围。

（3）开展调查研究和法律监督，推动法律法规的贯彻落实。

（4）提高女职工的法律意识，增强女职工自我维权的能力。

（5）整合社会资源，共同做好维护女职工权益工作。

（6）大力实施女职工"关爱行动"，努力为困难女职工做好事办实事解难事。

74. 女职工权益保护专项集体合同指的是什么

女职工权益保护专项集体合同，是用人单位与本单位女职工根据法律、法规、规章的规定，就女职工合法权益和特殊利益方面的内容通过集体协商签订的专项协议，它对用人单位和本单位的全体女职工具有法律约束力。签订女职工权益保护专项集体合同是工会女职工组织维护女职工合法权益和特殊利益的一项重要机制，也是全总力推的一项重点工作。《劳动合同法》第五十二条规定："企业职工一方与用人单位可以订立劳动安全卫生、女职工权益保护、工资调整机制等专项集体合同。"

75. 推行女职工权益保护专项集体合同工作的重要意义是什么

女职工权益保护专项集体合同是集体合同制度的重要组成部分，是推行平等协商和签订集体合同工作的深化和延伸，提高了集体合同的实效性和针对性，是工会及其女职工组织依法维护女职工合法权益和特殊利益的必然选择。其重要意义如下。

（1）它是发展社会主义市场经济、建立协调稳定劳动关系的必然要求。

（2）它是促进企事业稳定和谐，保障企事业高质量发展的需要。

（3）它是切实维护女职工合法权益和特殊利益的重要机制和手段。

（4）它是提升工会女职工组织维权能力、维权水平的突破口。

二、女职工权益维护

76. 女职工权益保护专项集体合同的内容和形式是什么

女职工权益保护专项集体合同的主要内容如下。

（1）女职工的劳动权利：劳动就业、同工同酬、休息休假、职业培训、保险福利待遇等，其中包括反对就业中的性别歧视。

（2）女职工的特殊利益：女职工禁忌劳动范围、"四期"保护、妇科疾病普查、生育待遇等。

（3）女职工的政治、文化、教育、发展权利：职业教育、技术培训、晋职晋级、参与企事业民主管理等，包括为女职工参加学历教育和开展特色活动提供条件等。

（4）双方认为应当协商的其他内容。

女职工权益保护专项集体合同签订的形式：可以单独签订女职工权益保护专项集体合同，也可以将女职工权益保护专项协议作为集体合同的附件或专章。各用人单位可根据本单位的具体情况选择签订形式。

77. 女职工权益保护专项集体合同与集体合同中涉及女职工权益的专项附件、专章有何区别

女职工权益保护专项集体合同与集体合同中女职工权益专项附件、专章的协商和签订的程序、法律效力一样，都要经过要约、协商、职代会审议通过、双方首席代表签字、报送劳动行政部门审查、公示或告知等程序。但女职工权益保护专项集体合同必须经过协商双方首席代表单独签字确认，而集体合同中的附件、专章只需在综合性集体合同上签字即可。因此，前者是法律要件齐备、可以单独成立的专门合同，后两者则依附于综合性集体合同而存在。

78. 签订女职工权益保护专项集体合同的基本程序是什么

平等协商和签订女职工权益保护专项集体合同，应按照平等协商和签订集体合同的法定程序进行，并注意做好以下工作。

（1）准备工作。包括协商代表、首席代表的产生；开展专项培训；起草女职工权益保护专项集体合同草案等。

（2）协商签约。工会和工会女职工组织代表与企事业行政方代表就《女职工权益保护专项集体合同（草案）》开展平等协商。协商采用协商会议的形式，协商会议由双方首席代表轮流主持。

（3）审议通过。将双方协商一致的《女职工权益保护专项集体合同（草案）》提交职工代表大会或职工大会审议。职工代表大会或职工大会审议通过后，由双方首席代表签字。

（4）报送与审查。女职工权益保护专项集体合同签订后，要报送当地劳动保障行政部门进行审查。劳动保障行政部门自收到文本之日起15日内未提出异议的，女职工权益保护专项集体合同即行生效。

（5）履约及监督检查。生效的女职工权益保护专项集体合同，应当自其生效之日起由协商代表及时以适当的形式向本方全体人员公布，用人单位和全体女职工都要严格执行。集体合同监督检查小组应有工会女职工组织的代表参加，尚未建立工会或工会女职工组织的，要有女职工代表参加，共同对女职工权益保护专项集体合同履行情况定期进行检查和监督。对发现的问题要督促用人单位采取措施进行整改，同时每年应至少1次将女职工权益保护专项集体合同履行情况向职工代表大会报告，接受职工的监督。

二、女职工权益维护

79. 工会女职工组织推进女职工权益保护专项集体合同工作的主要措施有哪些

（1）加强源头参与，提供法律法规政策保障。

（2）加强指导服务，借助社会力量齐抓共管。

（3）建立工作机制，汇聚全会力量推进工作。

（4）注意培育典型，实行分类指导。

（5）加强宣传培训工作，营造推进女职工权益保护专项集体合同工作的良好氛围。

（6）建立监督检查机制，将女职工权益保护专项集体合同工作落到实处。

（7）总结经验，推动女职工权益保护专项集体合同工作的深入开展。

80. 工作场所的性别平等指的是什么

性别平等指在各个年龄阶段和各个工作生活阶段中男女享有平等的机会、权利和待遇。所有人都可以自由地发展个人能力和做出选择，不受有关性别角色或男女性别特点的成见和偏见约束。性别平等是人类追求公平、正义与平等的永恒主题。

工作场所性别平等是指男女职工享有平等的工作机会和待遇，从事同等价值的工作获得同等报酬，公平享有安全健康的工作环境和生育保护，平等享有参加和组织工会的权利，平等参与集体协商，平等获得职业发展机会，以及获得平衡工作和家庭的支持等。工作场所性别平等是保障人权、促进社会公正和可持续发展的关键。

81. 工作场所性别平等包括哪些内容

工作场所性别平等主要包括就业机会平等、职业发展机会平等、薪酬待遇平等、生育保护、为职工平衡工作和家庭责任提供支持、预防和制止职场暴力和性骚扰等。

82. 工作场所性别歧视指的是什么

工作场所性别歧视指用人单位基于劳动者的性别、婚育状况，在招聘、录用、工作岗位安排、工资福利、培训、晋升、工作时间、工作条件、社会保障、解除或终止劳动关系等方面区别对待，损害劳动者平等的权利、机会、待遇的行为。工作场所性别歧视包括直接歧视和间接歧视。

83. 促进工作场所性别平等的意义是什么

促进工作场所性别平等有利于促进经济社会可持续健康发展、促进社会公平正义、促进构建和谐劳动关系、促进全社会尊重女性生育劳动价值、促进提高就业质量，充分利用劳动力价值等。

84. 用人单位制定和实施性别平等措施的步骤有哪些

用人单位制定和实施性别平等措施的步骤主要包括以下几方面。
承诺：领导层承诺在所有的人力资源活动和经营管理中遵守性别平等原则；建立完善促进性别平等制度，其中明确界定性别歧视，对性别歧视的行为进行列举，保证严惩性别歧视行为。

调查：全面调查本单位性别平等状况，是否存在性别歧视问题。

确立：确立性别平等工作目标，制定推动性别平等的策略和具体方案，把促进性别平等纳入核心管理制度与实践中；对人力资源管理制度进行审查，删除其中的歧视性规定，并确定哪些领域需要进一步推动性别平等；确立具体部门和人员牵头负责处理本单位性别平等事宜，明确高层管理人员负责组织性别平等制度的制定、实施和过程监管。

宣传：创建性别平等的企业文化，建立面向管理者和职工的宣传倡导和培训制度，通过网上网下多渠道发布，使管理者和职工了解本单位性别平等制度的内容。

实施：实施性别平等方案和反歧视制度措施。

受理：建立健全性别歧视问题投诉受理制度，帮助受歧视人或利害关系人知晓投诉受理渠道、程序；确保职工通过保密方式对性别歧视行为进行投诉；采取措施确保提出投诉的职工不受纪律惩戒和报复；建立完善对投诉的记录、解决及跟进的各项程序。

惩戒：建立健全性别歧视处置惩戒制度措施，并确保制度措施的有效执行。

自查：监测性别平等方案实施情况，将实施的进展和面临的问题及时与有关各方沟通，并有针对性地提出改进方案和措施。

监督：建立工会及职工评议、监督制度；明确工会参与、监督的权利和职责，保证男女职工享有平等的知情权、参与权、表达权和监督权。

85.性别平等应纳入用人单位哪些制度

性别平等应纳入用人单位下列制度。

宣传培训制度：为管理者、职工和工会代表提供性别平等方面的培训，保证管理者和职工熟知性别平等制度。

招聘制度：招聘和聘用决定应基于求职者的资质和岗位要求，如果某一工作岗位有特定的性别要求，必须有合理解释。

职业培训和晋升制度：公开宣传所有培训及晋升信息，并鼓励女职工申请；培训应该考虑到男女职工的不同需求，并方便有家庭责任的职工参加；采用公正客观的绩效评估体系来衡量职工的工作表现，确保评估和晋升都是在能力和绩效的基础上做出。

薪酬制度：工资福利分配应根据工作的价值以及职工的表现、资历和贡献而定，不得因性别而差别对待；通过分性别统计，判断男女职工是否存在工资差异，找出潜在的歧视问题。

生育保护制度：依法提供生育保护，不得因怀孕、生育、哺乳而将职工转岗、减薪或解雇。

职业健康保护制度：建立女职工劳动保护制度，减少和解决女职工在劳动中因生理特点造成的特殊困难，防止职业因素对女职工生殖健康的影响。注重人文关怀和心理疏导，促进职工心理健康。

社会保险制度：依法为男女职工缴纳社会保险，为职工公平享受各项社会保险待遇提供帮助和支持。

就业保障制度：在入职、转岗和裁员、解雇等离职及退休待遇方面不得因性别差别对待。

工作与家庭平衡机制：适当调整工作时间和工作形式，如弹性工作制，以便男女职工平衡工作和家庭；根据职工需求提供托管服务。

集体协商制度：将促进性别平等纳入集体协商议题、集体合同及女职工权益保护专项集体合同条款；集体协商中保证女职工代表参与，将涉及女职工权益保护的相关条款纳入合同当中，并监督相关条款的执行。

民主管理制度：将促进落实性别平等纳入民主管理内容，保障职工代表大会男女代表的比例与单位男女职工的比例相适应，将性别平等相关制度提交职工代表大会审议通过并监督执行；定期开展职工满意度调查，评议、监督相关制度的执行。

预防和制止职场暴力和性骚扰的制度：建立合理的预防、投诉、处置等制度措施，预防和制止职场暴力和性骚扰。

争议处理制度：明确争议处理机构和职责，确保职工知晓申诉及处理程序。确保相关问题得到有效解决，投诉歧视的职工不受打击报复。

86. 工会在促进用人单位性别平等机制建设中的作用是什么

工会要积极参与到用人单位促进性别平等各项制度机制的制定、实施和监督中。

（1）加强源头参与。工会应积极推动和参与国家性别平等法律政策的制定，推动出台促进性别平等政策措施，推进用人单位建立性别平等机制。监督用人单位在人力资源制度和实践中坚持性别平等原则，督促用人单位制定促进性别平等目标及实施方案，为加强性别平等机制建设配备资金和人员，协助用人单位建立评估、自查体系，建立性别歧视争议处理机制。

（2）充分发挥集体协商在促进性别平等工作中的作用。工会应广泛征求职工意见，在确定协商议题、推举协商代表等方面充分考虑两性需求，确保女职工的参与度和代表性。将职业发展、同工同酬、社会保险、工作和家庭责任平衡措施、预防和制止职场暴力和性骚扰等内容纳入集体合同和女职工权益保护专项集体合同条款，确保男女职工享有平等的机会和待遇。

（3）建立和完善民主管理制度。确保职代会中有适当比例的女职工代表，将促进性别平等纳入民主管理内容，将落实性别平等相关制度提交职工代表大会审议通过并监督执行。

（4）充分发挥工会女职工委员会在促进性别平等中的作用。各级工会女职工委员会要积极参与和监督本单位性别平等工作，及时发现、反映、督促解决女职工遭受性别歧视的问题。

（5）进行性别平等宣传和能力建设。提高工会干部自身促进性别平等的能力。积极借助专业力量，协助用人单位面向管理者及职工开展宣传、咨询、培训，在企业经营管理和人力资源管理等实际工作中对具体实施性别平等提供指导、服务和监督。

（6）开展调查研究，进行分性别统计。为促进性别平等、避免性别歧视，工会应对用人单位性别平等状况进行调查研究，定期收集、按性别分类分析信息，针对发现的问题提出改进措施。

87. 如何充分发挥集体协商促进工作场所性别平等的重要作用

将促进性别平等纳入集体协商制度的各个阶段。

代表组成：协商代表组成应充分考虑男女职工性别比例。

协商准备：熟悉性别平等相关法律法规。调查了解本单位性别平等实现情况，进行分性别统计，分析存在的性别歧视问题，充分征求男女职工意见，研究确定协商议题和议程。协商议题应根据调查情况确定，可包括就业机会、职业发展、薪酬待遇、生育保护、为职工平衡工作和家庭责任提供支持以及预防和制止职场暴力和性骚扰等内容。

开展协商：发出协商要约，召开协商会议。起草促进性别平等、消除性别歧视条款，纳入集体合同和女职工权益保护专项集体合同。

审议签约：职工（代表）大会代表中应有适当比例的女职工代表，

职工（代表）大会审议通过包括促进性别平等相关条款的集体合同及女职工权益保护专项集体合同，由用人单位和工会双方首席代表签订。

履约监督：用人单位应对集体合同及女职工权益保护专项集体合同促进性别平等规定条款履行情况进行检查。工会和工会女职工委员会应组织职工代表开展监督检查，对履约情况进行评议，对履约不到位情形提出整改建议，督促合同履约执行。

88. 就业机会平等的含义是什么

就业机会平等是指用人单位在发布招聘广告、面试、录用、工作安排以及劳动合同解除、终止等方面平等地对待劳动者，不得基于性别、婚育状况对男女劳动者进行不合理的差别对待。《劳动法》《劳动合同法》《妇女权益保障法》《就业促进法》等法律法规均对男女平等就业作出了规定。

89. 用人单位保障男女平等就业机会的措施有哪些

用人单位应当了解并执行禁止性别歧视、保障男女平等就业就会的法律法规，并通过规章制度予以落实。具体措施包括以下几方面。

（1）对人力资源管理部门及招聘人员进行性别平等议题的培训，确保招聘中的公平性。

（2）规范招聘广告，保证招聘广告对岗位描述的客观性，且通过男女均有机会获得相关信息的渠道让尽可能多的求职者知晓招聘广告；在工作申请表中，只询问与工作直接相关的信息。

（3）规范面试环节，应给符合招聘条件的求职者提供平等的面试机会。

（4）在工作安排、调配、解雇、裁员等方面给予男女职工平等对待。

（5）用人单位应建立争议处理制度来解决就业机会歧视问题，并确保职工了解处理程序，工会应积极参与并监督用人单位保障和促进就业机会平等。

90. 如何依法禁止招聘环节中的就业性别歧视

根据《关于进一步规范招聘行为促进妇女就业的通知》要求，各类用人单位、人力资源服务机构在拟定招聘计划、发布招聘信息、招用人员过程中，不得限定性别（国家规定的女职工禁忌劳动范围等情况除外）或性别优先，不得以性别为由限制妇女求职就业、拒绝录用妇女，不得询问妇女婚育情况，不得将妊娠测试作为入职体检项目，不得将限制生育作为录用条件，不得差别化地提高对妇女的录用标准。国有企事业单位、公共就业人才服务机构及各部门所属人力资源服务机构要带头遵法守法，坚决禁止就业性别歧视行为。

91. 如何强化人力资源市场监管，禁止就业性别歧视

根据《关于进一步规范招聘行为促进妇女就业的通知》要求，强化人力资源市场监管。监督人力资源服务机构建立健全信息发布审查和投诉处理机制，切实履行招聘信息发布审核义务，及时纠正发布含有性别歧视内容招聘信息的行为，确保发布的信息真实、合法、有效。对用人单位、人力资源服务机构发布含有性别歧视内容招聘信息的，依法责令改正；拒不改正的，处 1 万元以上 5 万元以下的罚款；情节严重的人力资源服务机构，吊销人力资源服务许可证。将用人单位、人力资源服

务机构因发布含有性别歧视内容的招聘信息接受行政处罚等情况纳入人力资源市场诚信记录，依法实施失信惩戒。

92. 可以对涉嫌就业性别歧视的用人单位开展联合约谈吗

根据《关于进一步规范招聘行为促进妇女就业的通知》要求，建立联合约谈机制。畅通窗口来访接待、12333、12338、12351 热线等渠道，及时受理就业性别歧视相关举报投诉。根据举报投诉，对涉嫌就业性别歧视的用人单位开展联合约谈，采取谈话、对话、函询等方式，开展调查和调解，督促限期纠正就业性别歧视行为，及时化解劳动者和用人单位间矛盾纠纷。被约谈单位拒不接受约谈或约谈后拒不改正的，依法进行查处，并通过媒体向社会曝光。

93. 如何支持妇女就业

《关于进一步规范招聘行为促进妇女就业的通知》提出，加强就业服务，以女大学生为重点，为妇女提供个性化职业指导和有针对性的职业介绍，树立正确就业观和择业观。组织妇女参加适合的培训项目，鼓励用人单位针对产后返岗女职工开展岗位技能提升培训，尽快适应岗位需求。促进 3 岁以下婴幼儿照护服务发展，加强中小学课后服务，缓解家庭育儿负担，帮助妇女平衡工作与家庭。完善落实生育保险制度，切实发挥生育保险保障功能。加强监察执法，依法惩处侵害女职工孕期、产期、哺乳期特殊劳动保护权益行为。对妇女与用人单位间发生劳动人事争议申请仲裁的，要依法及时快速处理。

94. 职业发展机会平等的含义是什么

职业发展指一个人一生的工作经历，特别是职业、职位的变迁及工作理想的实现过程。它是人力资源管理的一项活动，与工作分析、人力资源计划、招聘与选拔、绩效评估、培训等有着密切的关系。

职业发展的定义有两层含义：一是对职工个人而言，在用人单位的工作中积累经验，得到锻炼，能达到成长、发展和满意感的愿望与要求，为了实现这种愿望和要求，他们不断追求理想的职业，设计自己的职业目标和职业计划；二是从用人单位的人力资源管理部门看，对职工制定个人职业计划应重视和鼓励，并结合用人单位的需求和发展，给职工多方面的咨询和指导，还要创造条件帮助职工实现个人职业目标。职业发展有利于开发职工的潜能，促进职工成长和发展，也有利于用人单位吸引人才、使用人才和留住人才。

职业发展机会平等主要包括平等的职业培训机会、平等的晋升机会和平等的评优、奖励机会三个方面。

平等的职业培训机会指男女职工享有平等的接受职业培训的权利。职业培训既包括专业技术培训，也包括管理/领导力等培训。用人单位应为所有男女职工提供培训和发展机会，按照客观公正的标准选择有资格的职工参与职业培训。培训内容应该打破传统男女角色定型。同时应对参加各种职业培训的职工进行分性别统计和定期的监测，以便及时发现男女职工比例的差异，分析造成差异的原因，采取措施进行合理干预。

平等的晋升机会指男女职工在晋职、晋级、评定专业技术职务等方面享有平等的权利。用人单位在晋职、晋级、评定专业技术等级等方面应以个人的能力和业绩为标准，不应有任何性别歧视和偏见。用人单位在晋升时应公开职位的信息和录用条件，以事先确定的标准评定申请人的资格。

平等的评优、奖励机会指男女职工在用人单位的评比活动中享有平等地被评选为优秀及获得奖励的权利。用人单位各项评比制度应公开公正，男女职工不应因性别受到不公正的对待。

《妇女权益保障法》第四十六条规定："在晋职、晋级、评聘专业技术职称和职务、培训等方面，应当坚持男女平等的原则，不得歧视妇女。"

95. 用人单位应采取哪些措施保障男女职工享有平等的职业发展机会

用人单位规章制度中应明确规定男女职工享有平等的培训、晋升和其他职业发展机会。

用人单位应安排职业培训，定期对培训活动进行审核，以帮助所有职工克服工作发展中可能碰到的障碍，尤其要帮助他们适应岗位变化和技术革新。负责职工职业培训的人员应接受性别平等方面的培训，了解如何辨识男女职工的培训需求和如何在培训问题上遵循性别平等原则。

在专业技术或管理/领导力等培训方案中，应考虑男女职工群体的培训需求，制定男女平等参与的目标或指标，确保男女职工都能参加对其职业发展至关重要的培训。

用人单位应将各种职业培训机会和申请程序告知所有职工，使所有职工了解选择标准和申请条件。对培训申请者进行评定时，应使用客观的评定标准，充分考虑反歧视行动措施，以保证每个职工的申请均得到公正的评定。

合理安排培训课程的时间，以便所有具有资格的职工均能参加。比如，尽量安排在午休或者工作时间，以方便有家庭照顾责任的职工能够参加。

为因产假、陪产假错过培训的男女职工提供补充培训机会。

可通过为女职工提供工作指导等方式，扩大其职业发展机会。

对于用人单位所提供的培训或工作指导等，职工应有机会提交反馈意见。

帮助所有的职工熟悉本单位的晋升制度和标准。

所有晋升机会，即所有具有晋升潜力的发展机会都应予以公示，使所有职工了解即将出现的空缺职位的情况。建立公平的评价机制，即用人单位开展的各种评优、评奖活动都应予以公示，使所有职工了解获得奖励的机会。

为避免偏见，应有两人以上且男女代表比例相对均衡的晋升和评优审查小组测评申请人的资格。

参与晋升或评优决定过程的人员应接受一定的培训，以熟知平等原则、反歧视行动措施和择优录取的原则。

应对职工的职业发展机会进行分性别统计。比如，参与各种培训的男女职工比例，各层级管理岗位男女比例等。发现问题应分析原因并及时采取措施进行调整。

应建立争议处理制度解决职业发展机会歧视问题，并确保职工知晓处理程序。工会应积极参与并监督用人单位职业发展机会平等的保障和促进工作。

96. 同工同酬的内容包括哪些方面

一般而言，同工同酬的内容包括以下几个方面。

（1）男女同工同酬。即男女职工在从事相同或相似的工作的情况下获得相同报酬。

（2）不同种族、民族、身份的人同工同酬。

（3）地区、行业、部门间的同工同酬。由于各地的经济水平与生活水平差异很大，各个行业、部门的特点也都有所不同，因此，存在着地区、行业、部门间"同工不同酬"的现象。

（4）用人单位内部的同工同酬。这是同工同酬中最重要的内容，在同一用人单位中从事相同工作，付出等量劳动且取得相同劳动业绩的劳动者，有权利获得同等的劳动报酬。

97. 实行男女同工同酬的意义是什么

男女同工同酬指男女职工在相同或相似岗位上，付出同等的劳动，享受同等的劳动报酬。这一原则，既是保护女性劳动者权益的一项重要原则，也是实现男女平等的一项重要原则。其重要意义主要包括以下几方面。

（1）保护女性劳动者权益。男女同工同酬的实施，有利于保护女性劳动者的合法权益。女性劳动者可以在劳动报酬方面得到公平对待，避免受到不公正的待遇，消除劳动报酬的性别歧视，有效地保护女性劳动者的权益。

（2）实现男女平等。男女同工同酬的实施，有利于实现男女在劳动权利和义务方面的平等。实行男女同工同酬，可以使男女在劳动报酬方面得到公平对待，充分发挥男女劳动者的积极性，提高劳动生产率，有效地推进男女在劳动权利和义务方面的平等。

98. 用人单位应采取哪些措施保障男女同工同酬

用人单位应当将同工同酬原则明确写入规章制度、集体合同、劳动合同,在制定、修改或者决定有关劳动报酬、保险福利等规章制度和重要措施时,应当经职工代表大会或者全体职工讨论,提出方案和意见,与工会或者职工代表平等协商确定。如果用人单位存在不平等的工作分类或男女同工不同酬的工资结构,工会可以提出意见和建议,与用人单位就相关问题进行专门协商。

用人单位还应组织和开展培训活动,使管理者和相关人员了解同工同酬的分配原则和有关法律法规规定。同时,要建立工资的分性别统计和调查制度,从程序上保证职工能够就工资歧视提出投诉,并采取相应的补偿措施。工会组织应监督用人单位男女同工同酬制度执行情况,并参与工资歧视问题投诉的处理。

99. 帮助职工平衡工作和家庭责任的意义是什么

帮助职工平衡工作和家庭责任,向职工提供平衡工作和家庭责任的支持措施有利于提高职工的工作满意度、工作效率和劳动生产率;有利于解决职工的后顾之忧,减少职工流失,降低人员招聘和调配的培训成本;有利于减少工作和家庭责任的冲突,减轻职工压力,促进精神健康;有利于增强用人单位吸引和留住高素质职工能力,提高市场竞争力;有利于改善劳动关系,树立用人单位对家庭友好的良好形象;有利于家庭和谐,促进社会主义精神文明建设。

100. 如何平衡工作和家庭责任

首先，要合理安排时间。时间管理是平衡工作和家庭生活的关键。我们可以制定一个合理的时间表，将工作时间和家庭时间分配得更加合理。在工作时间内，要专心工作，提高工作效率，避免加班和工作时间的浪费。在家庭时间内，要尽量减少工作上的干扰，全身心地投入到家庭生活中。这样可以保证工作和家庭生活的平衡，让我们有更多的时间和精力去关心家人、照顾孩子，享受家庭的温馨。

其次，要明确工作和家庭的优先级。在平衡工作和家庭生活时，我们需要明确工作和家庭的优先级。工作固然重要，但家庭也同样重要。我们可以根据实际情况，合理安排工作和家庭的时间，确保工作和家庭都能得到充分的关注。在工作中，要高效地完成工作任务，避免因工作而影响到家庭生活；在家庭中，要多花时间陪伴家人，关心孩子，参与家庭活动，让家庭生活更加丰富和幸福。

再次，要学会拒绝和委托。在工作和家庭生活中，我们常常面临各种各样的事务和责任，如果一味地承担和不断地接受，很容易导致身心俱疲。因此，我们需要学会拒绝一些不必要的事务和委托一些任务。在工作中，可以适当地拒绝一些无关紧要的会议和任务，保持工作的高效性；在家庭中，可以委托一些家务和照顾孩子的任务，让家庭责任更加均衡。

最后，要寻求平衡的心态。平衡工作和家庭生活需要一种平和的心态。我们要学会接受一些无法改变的事实，调整自己的心态，用积极的心态去面对工作和家庭生活中的各种挑战。在工作中，要学会放松自己，避免因工作压力而影响到家庭生活；在家庭中，要学会包容和理解，尊重家人的需求，保持家庭的和谐。

101. 性骚扰指的是什么？有哪些类型

性骚扰指以带性暗示的言语或动作针对被骚扰对象，强迫受害者配合，使对方感到不悦。任何性别的人都有可能是性骚扰的受害者。具体指行为人出于发泄性欲求的动机或恶作剧的动机或骚扰人、侮辱人的动机，通过语言的、形体的、环境布置的方式或其他方式，对他人进行不受欢迎的性挑逗或性刺激，给被骚扰者带来烦恼和精神压抑，甚至造成精神损害，但尚不构成强制猥亵和强奸，行为人的这种行为即是对该被骚扰者的性骚扰。联合国消除对妇女歧视委员会在1992年颁布的《第19号一般性建议：对妇女的暴力行为》中规定，性骚扰包括不受欢迎的具有性动机的行为，如身体接触和求爱动作，带黄色的字眼，出示淫秽书画和提出性要求，不论是以词语还是用动机来表示。

《消除工作场所性骚扰制度（参考文本）》指出，本制度所称的性骚扰是指，违反他人意愿，以语言、表情、动作、文字、图像、视频、语音、链接或其他任何方式使他人产生与性有关联想的不适感的行为，无论行为实施者是否具有骚扰或其他任何不当目的或意图。

《民法典》第一千零一十条规定，违背他人意愿，以言语、文字、图像、肢体行为等方式对他人实施性骚扰的，受害人有权依法请求行为人承担民事责任。

按行为方式分类如下。

（1）言语性骚扰。是指任何人当面讲让受害者感到尴尬或不舒服的关于性的言论，如当面或当众讲黄色笑话或者用污秽的言语对受害者评头论足。

（2）行为性骚扰。一般指做出令受害者感到不适的低俗下流的动作，对受害者动手动脚，触摸受害者的身体敏感部位等。

（3）环境性骚扰。指的是通过布置环境给受害者以不适和被侵犯的方式，比如摆放性刺激图片、淫秽书刊物品，播放淫秽音像制品等。

按发生场所分类如下。

（1）校园性骚扰。校园性骚扰的受害人多是学生，并且许多人属于未成年人，他们面对来自学校内部的性骚扰行为有时是无法做出界定和表述的，甚至并不知道自己受到了性骚扰。而由于校内活动和环境较为封闭，学生遭遇性骚扰往往在旁人难以察觉的情况下发生，特别是高校具有利益关系的导师与学生之间的性骚扰行为更难以举证。

（2）公共场所性骚扰。通常是针对女性发生的，男性几乎没有在公共场所被评论、骚扰的恐惧，而女性则经常与这些事件和恐惧作斗争。这种发生在公共场所的性骚扰主要分为非身体形式的骚扰和身体形式的骚扰。非身体形式的骚扰有：吹口哨、打响指、尾随、粗俗手势发出亲吻声等，身体形式的骚扰可能包括：触摸、掐、抓、阻挡等。

（3）职业场所性骚扰。在职业场所中，由于上下级的地位、权力的不对等，下级很容易受到来自上级的性骚扰。大体可以分为非身体形式和身体形式两种，但是相比于公共场所性骚扰，职业场所性骚扰的受害者由于自身处于权力更弱的一方，因此更难以发声维护自己的权利。受害者拒绝上级的骚扰行为可能会影响其职业发展，而服从这种行为会使其对工作环境产生反感，影响其工作表现。职业场所性骚扰的受害者不仅有女性，也有男性，但女性的比例要高一些。职业场所性骚扰与公共场所性骚扰也有相似的地方，二者都广泛出现于20世纪女性开始进入职场之后。

（4）家庭性骚扰。家庭性骚扰一般发生在有一定亲属关系或在同一家庭内居住生活的人之间。这种情况更容易出现在兄弟对姐妹、继父对继女等关系之中，也有雇主对家庭佣工进行性骚扰的情况。除此之外，在曾经有过婚姻关系的男女之间，离婚之后也很容易受到来自前任伴侣的性骚扰。

（5）网络性骚扰。网络性骚扰属于一种网络侵权行为，但并不是一种具有特别构成要素的侵权行为，而是特指发生在网络环境下的侵权行为。网络性骚扰是通过网络实施，违背他人意愿，影响他人人格尊严的与性有关但没有身体接触的言行。受害者会被反感的言语骚扰，比如黄色笑话、性暗示、过问和评论私生活，还有看到一些具有性含义的用户名、收到一些令人反感的色情文学或者图片等。网络性骚扰不一定会带来实际威胁，但同样对受害者的心理和人格造成伤害。

102. 什么是工作场所性骚扰

工作场所性骚扰，也叫职场性骚扰，是发生在工作场所的，以动作、语言、文字、图片、电子信息等方式实施的，与性有关的、违背员工意愿的行为。利用职权或者职务之便。既可以是上下级之间，也可以是同级同事之间，甚至可以是顾客、客户与员工之间。既存在于办公场所，也存在于与工作有关的非办公场所。

《妇女权益保障法》第二十三条规定："禁止违背妇女意愿，以言语、文字、图像、肢体行为等方式对其实施性骚扰。受害妇女可以向有关单位和国家机关投诉。接到投诉的有关单位和国家机关应当及时处理，并书面告知处理结果。受害妇女可以向公安机关报案，也可以向人民法院提起民事诉讼，依法请求行为人承担民事责任。"

103. 工作场所性骚扰主要类型有哪些

职场性骚扰按行为动机可以分为以下三种类型。

（1）交换型的性骚扰：指由某个掌握权力（升职加薪、工作评定）

的上级，明确向下属提出性方面的要求，以此作为对方获得与工作有关的机会或待遇的交换条件。

（2）压迫型的性骚扰：指由某个掌握权力（升职加薪、工作评定）的上级，明示或暗示向下属提出性方面的要求，或者以身体、语言、其他行为寻求性方面的刺激，而下属迫于不同意或反抗容易被不公正对待的压力，做沉默的羔羊，不断被骚扰，直至不堪忍受，自动辞职。

（3）敌意型性骚扰：指在工作场所中，任何人以具有性意味的言辞或行为，或基于性别进行侮辱的言辞或行为，而给他人造成挑逗性、敌意性，或冒犯性的工作环境。

104. 性骚扰的法律后果是什么

根据行为人行为的不同表现方式，法律后果亦不同。

（1）民事侵权层次上的"性骚扰"行为，即比较常见的一般性骚扰行为，此时多涉及人格权的侵害，被侵权人可以要求停止侵害、赔礼道歉，甚至要求精神损害赔偿。

（2）《治安管理处罚法》第四十四条规定，猥亵他人的，或者在公共场所故意裸露身体，情节恶劣的，处五日以上十日以下拘留；猥亵智力残疾人、精神病人、不满十四周岁的人或者有其他严重情节的，处十日以上十五日以下拘留。

（3）《刑法》第二百三十七条规定，以暴力、胁迫或者其他方法强制猥亵他人或者侮辱妇女的，处五年以下有期徒刑或者拘役。聚众或者在公共场所当众犯前款罪的，处五年以上有期徒刑。

（4）《刑法》第二百三十六条规定，以暴力、胁迫或者其他手段强奸妇女的，处三年以上十年以下有期徒刑。现实中，如利用将妇女灌醉酒、昏迷等状态而实施猥亵、强奸行为的，在本质上也是违背妇女意志，其手段可视为"暴力""胁迫"以外的"其他手段"，应认定为猥亵或强奸罪。

105. 用人单位应当采取哪些措施预防和制止对妇女的性骚扰？

《民法典》第一千零一十条规定，"机关、企业、学校等单位应当采取合理的预防、受理投诉、调查处置等措施，防止和制止利用职权、从属关系等实施性骚扰"。《女职工劳动保护特别规定》第十一条规定："在劳动场所，用人单位应当预防和制止对女职工的性骚扰。"

根据《妇女权益保障法》第二十五条规定，用人单位应当采取下列措施预防和制止对妇女的性骚扰：

（1）制定禁止性骚扰的规章制度；

（2）明确负责机构或者人员；

（3）开展预防和制止性骚扰的教育培训活动；

（4）采取必要的安全保卫措施；

（5）设置投诉电话、信箱等，畅通投诉渠道；

（6）建立和完善调查处置程序，及时处置纠纷并保护当事人隐私和个人信息；

（7）支持、协助受害妇女依法维权，必要时为受害妇女提供心理疏导；

（8）其他合理的预防和制止性骚扰措施。

106. 家庭友好型工作场所指的是什么

家庭友好型工作场所指通过制定优化的工作制度，发展有利于职工身心健康的工作环境，支持男女职工平衡工作、家庭和个人生活，让职工能在身心健康的状态下投入工作的工作场所。创建家庭友好型工作场所需要具备"六个友好"，即对有家庭责任的男女职工理念态度友好、职业发展友好、生育保护友好、照护支持友好、工作安排友好、职业健康友好。

创建家庭友好型工作场所，帮助职工平衡工作和家庭责任，是贯彻男女平等基本国策的切实举措，是落实以人民为中心发展思想的题中之义。

107. 创建家庭友好型工作场所的意义是什么

（1）促进有家庭责任的男女职工享有平等工作的机会和待遇，尊重和保障职工权利。

（2）解决职工的后顾之忧，提高职工的工作和生活满意度。

（3）减少职工旷工和迟到现象，帮助职工提高工作效率和劳动生产率。

（4）减少职工承担工作和家庭责任的冲突，减轻其压力。

（5）减少人才流失，降低人员招聘、调配和培训等成本。

（6）改善劳动关系，提高用人单位吸引并留住职工的能力。

（7）树立用人单位的良好形象，提高其市场竞争力。

108. 家庭友好型工作场所如何做到生育保护友好

（1）用人单位应提供产假及陪产假、生育医疗费用和生育津贴；

（2）根据女职工的需要，建立女职工休息哺乳室、孕妇休息室等场所，为产后回归职场的女职工提供母乳喂养支持。

109. 家庭友好型工作场所如何做到照护支持友好

（1）用人单位根据职工需求和单位实际，采取单独或联合相关单位共同举办的方式，在工作场所为职工提供福利性托育、托管等照护服务；

（2）根据地方的规定和单位实际，落实生育奖励假、父母育儿假等，为男女职工提供照护子女支持；

（3）落实陪护假、健全完善紧急照护休假制度，为男女职工照护家中老人和病人提供支持。

110. 完善和落实积极生育支持措施的总体要求是什么

《关于进一步完善和落实积极生育支持措施的指导意见》提出，坚持以习近平新时代中国特色社会主义思想为指导，认真贯彻落实党中央、国务院决策部署，深入实施一对夫妻可以生育三个子女政策及配套支持措施，将婚嫁、生育、养育、教育一体考虑，尽力而为、量力而行，综合施策、精准发力，完善和落实财政、税收、保险、教育、住房、就业等积极生育支持措施，落实政府、用人单位、个人等多方责任，持续优化服务供给，不断提升服务水平，积极营造婚育友好社会氛围，加快建立积极生育支持政策体系，健全服务管理制度，为推动实现适度生育水平、促进人口长期均衡发展提供有力支撑。

111. 提高优生优育服务水平的基本措施有哪些

《关于进一步完善和落实积极生育支持措施的指导意见》提出，采取以下措施提高优生优育服务水平。

（1）改善优生优育全程服务。实施母婴安全行动提升计划，全面落实母婴安全五项制度。推进妇幼保健机构能力建设，各省、市、县级均应设置1所政府举办、标准化的妇幼保健机构。加强高质量产科建设，全面改善住院分娩条件。推动落实出生缺陷三级防治策略，健全"县级筛查、市级诊断、省级指导、区域辐射"的出生缺陷防治网络，提升婚前保健、孕前保健、产前筛查和产前诊断服务水平，针对重点疾病推动围孕期、产前产后一体化管理服务和多学科诊疗协作，强化新生儿遗传代谢病、听力障碍和先天性心脏病筛查和诊断。

（2）提高儿童健康服务质量。实施健康儿童行动提升计划。加强0—6岁儿童和孕产妇健康管理服务，提高服务质量和资金使用效率。加强基层儿童保健服务网络建设。推进基层医疗机构儿童保健门诊（儿童保健室）标准化建设，提高乡镇卫生院、社区卫生服务中心专业从事儿童保健和基本医疗服务的医生配备水平。"十四五"期间，中央预算内投资支持开展10个左右儿科类国家区域医疗中心建设项目，推进儿科医疗联合体建设，促进优质儿科医疗资源下沉和均衡布局。开展母婴友好医院和儿童友好医院建设。做好新生儿参加居民医保服务管理工作。

（3）加强生殖健康服务。扩大分娩镇痛试点，规范相关诊疗行为，提升分娩镇痛水平。指导推动医疗机构通过健康教育、心理辅导、中医药服务、药物治疗、手术治疗、辅助生殖技术等手段，向群众提供有针对性的服务，提高不孕不育防治水平。推进辅助生殖技术制度建设，健全质量控制网络，加强服务监测与信息化管理。开展生殖健康促进行动，增强群众保健意识和能力。加强生殖健康宣传教育和服务，预防非意愿妊娠，减少非医学需要的人工流产。

（4）提高家庭婴幼儿照护能力。建立完善健康科普专家库和资源库，通过广播、电视、报刊、网络、新媒体等多种渠道，普及科学育儿知识与技能。鼓励地方采取积极措施，支持隔代照料、家庭互助等照护模式。扩大家政企业上门居家婴幼儿照护服务供给。鼓励有条件的托育机构与家政企业等合作，提供上门居家婴幼儿照护服务。鼓励有资质的服务机构、行业协会和专业人员，依托村（居）委会等基层力量，通过家长课堂、养育照护小组活动、入户指导等方式，提高婴幼儿照护能力。充分发挥公益慈善类社会组织等社会力量积极作用，加大对农村和欠发达地区婴幼儿照护服务的支持。

112. 母婴安全五项制度是什么

母婴安全五项制度包括妊娠风险筛查与评估、高危孕产妇专案管理、危急重症救治、孕产妇死亡个案报告和约谈通报制度。五项制度贯穿孕产期服务与管理全过程，以"重预防、守底线、强责任"为核心，从制度上保证孕产妇安全，并对不同风险的人群提供适宜的、有针对性的干预服务。

113. 发展普惠托育服务体系的基本措施有哪些

《关于进一步完善和落实积极生育支持措施的指导意见》提出，采取以下措施发展普惠托育服务体系。

（1）增加普惠托育服务供给。通过中央预算内投资支持和引导，实施公办托育服务能力建设项目和普惠托育服务专项行动，带动地方政府基建投资和社会投资。公办托育机构收费标准由地方政府制定，加强对普惠托育机构收费的监管。拓展社区托育服务功能，完善婴幼儿照护设施等基本公共服务设施。支持有条件的用人单位为职工提供福利性托育服务。加快制定出台家庭托育点管理办法。在满足学前教育普及的基础上，鼓励和支持有条件的幼儿园招收2—3岁幼儿。

（2）降低托育机构运营成本。"十四五"时期，拓宽托育建设项目申报范围，中央预算内投资加大支持力度给予建设补贴。科学布局社区综合服务设施，落实社区托育服务发展税费优惠政策。完善土地、住房、财政、金融、人才等政策，鼓励地方对普惠托育机构予以支持。托育机构用水用电用气用热按照居民生活类价格执行。鼓励社会资本设立托育服务事业发展基金，向托育行业提供增信支持。各地要建立托育机构关停等特殊情况应急处置机制，落实疫情期间托育企业纾困政策。

（3）提升托育服务质量。深入开展全国婴幼儿照护服务示范城市创建活动，形成一批可复制、可推广的典型经验。研究制定托育服务相关制度规范，大力发展多种形式的托育服务。鼓励有条件的普通高等学校和职业院校开设托育服务相关专业，加快培养专业人才。依法逐步实行托育从业人员职业资格准入制度。深入实施康养职业技能培训计划，加强托育岗位人员技能培训。各级医疗卫生机构、疾病预防控制机构等要加强对托育机构卫生保健工作的业务指导、咨询服务和监督检查，预防控制传染病，降低常见病的发病率，保障婴幼儿的身心健康。严格落实托育机构消防安全指南等一系列规范性文件，加强部门综合监管，严防安全事故发生。加强社会监督，促进行业自律。

114. 如何完善生育休假和待遇保障机制

根据《关于进一步完善和落实积极生育支持措施的指导意见》，完善生育休假和待遇保障机制的措施主要包括以下几方面。

（1）优化生育休假制度。各地要完善生育休假政策，从保障职工生育权益和保护生育职工健康权的功能定位出发，体现保护生育和养育过程，帮助职工平衡工作和家庭关系，促进公平就业和职业发展。要结合实际完善假期用工成本合理分担机制，明确相关各方责任，采取切实有效措施保障职工假期待遇。

（2）完善生育保险等相关社会保险制度。国家统一规范并制定完善生育保险生育津贴支付政策，强化生育保险对参保女职工生育医疗费用、生育津贴待遇等保障作用，保障生育保险基金安全。有条件的地方可探索参加职工基本医疗保险的灵活就业人员同步参加生育保险。未就业妇女通过参加城乡居民基本医疗保险享受生育医疗待遇。为领取失业保险金人员缴纳职工基本医疗保险费（含生育保险费），保障其生育权益，所需资金从失业保险基金列支。指导地方综合考虑医保（含生育保险）基金可承受能力、相关技术规范性等因素，逐步将适宜的分娩镇痛和辅助生殖技术项目按程序纳入基金支付范围。

115. 如何加强优质教育资源供给

根据《关于进一步完善和落实积极生育支持措施的指导意见》，加强优质教育资源供给的措施主要有以下几方面。

（1）提高学前教育普及普惠水平。继续实施"十四五"学前教育发展提升行动计划，着力补齐农村地区和城市新增人口集中地区普惠性资源短板。切实落实各级政府发展学前教育责任，健全政府投入为主、家庭合理分担、其他多渠道筹措经费的机制。优化完善财政补助政策，逐步提高学前教育财政投入水平，保障普惠性学前教育有质量可持续发展。健全学前教育资助制度，切实保障家庭经济困难儿童接受普惠性学前教育。

（2）提高义务教育均衡发展水平。依法落实政府举办义务教育的主体责任，优化义务教育结构，确保义务教育学位主要由公办学校提供和政府购买学位方式提供。继续落实"两免一补"政策，降低学生就学成本。进一步减轻义务教育阶段学生作业负担和校外培训负担，发挥学校教育主阵地作用，提升课后服务质量，按规定保障课后服务经费。严格落实义务教育阶段学科类校外培训收费实行政府指导价管理政策。加强非学科类校外培训监管，规范培训机构收费行为。加强对家长的家庭教育指导，树立科学育儿观念。

（3）加强生理卫生等健康教育。针对在校学生的心理生理特点，通过定期举办专题讲座、开设公共选修课程等方式，开展生理卫生教育、青春期教育或者性健康教育，加强婚恋观、家庭观正向引导。

116. 如何构建生育友好的就业环境

《关于进一步完善和落实积极生育支持措施的指导意见》提出，采取以下措施构建生育友好的就业环境。

（1）鼓励实行灵活的工作方式。用人单位可结合生产和工作实际，通过与职工协商，采取弹性上下班、居家办公等工作方式，为有接送子女上下学、照顾生病或居家子女等需求的职工提供工作便利，帮助职工解决育儿困难。

（2）推动创建家庭友好型工作场所。推动用人单位将帮助职工平衡工作和家庭关系相关措施纳入集体合同和女职工权益保护专项集体合同条款。实施母乳喂养促进行动。女职工比较多的用人单位应当建立孕妇休息室、哺乳室，配备必要母婴服务设施，更好满足孕产期、哺乳期女职工的需求。鼓励有条件的用人单位、学校、社区、群团组织等开展寒暑假托管服务。

（3）切实维护劳动就业合法权益。推动完善促进妇女就业的制度机制，加强对女性劳动者特别是生育再就业女性相关职业技能培训。持续开展就业性别歧视约谈工作，依法查处侵权行为。督促用人单位依法依规落实对孕产期、哺乳期女职工关于工作时间、工资待遇、劳动强度等方面的特殊劳动保护。加强监管执法，健全司法救济机制，探索开展妇女平等就业权益保护检察公益诉讼，维护妇女劳动和社会保障权益。强化工会劳动法律监督，推动职工权益保护法律法规贯彻落实。

117. 开展用人单位托育服务工作的重要意义是什么

党的二十大报告提出"优化人口发展战略，建立生育支持政策体系，降低生育、养育、教育成本"要求。《中共中央 国务院关于优化生育政策促进人口长期均衡发展的决定》明确指出，支持有条件的用人单位为职工提供托育服务。鼓励国有企业等主体积极参与各级政府推动的普惠托育服务体系建设。

开展用人单位托育服务工作的重要意义主要包括以下方面。

（1）落实党中央重大决策部署、发展普惠托育服务体系的必然要求。

（2）坚持以职工为中心工作导向、竭诚服务职工群众的必然要求。

（3）用人单位积极履行社会责任、构建和谐劳动关系的必然要求。

118. 用人单位开展托育服务的形式一般有哪些

用人单位可通过公办民营、民办公助、购买第三方服务等多种方式，为职工提供全日托、半日托福利性托育服务，满足不同家庭多层次、多样化需求。

（1）用人单位单独举办。用人单位利用自有场地建设托育机构，为本单位职工提供免费或低收费的3岁以下婴幼儿照护服务。

（2）用人单位联合举办。发挥工会联合会、联合工会、工（产）业园区工会优势，联合有需求的用人单位共同为职工开展普惠托育服务，形成多元化共享服务格局。

（3）用人单位委托第三方举办。通过购买第三方服务，委托已备案的第三方托育机构开展运营，为职工开展安全、便捷、高效服务。

119. 工会如何推进用人单位托育服务工作

根据《中华全国总工会关于加强新时代工会女职工工作的意见》，工会推进用人单位托育服务工作的措施主要有以下几方面。

（1）落实国家生育政策及配套支持措施，支持有条件的用人单位为职工提供托育服务，推动将托育服务纳入职工之家建设和企业提升职工生活品质试点工作，推进工会爱心托管服务，加强女职工休息哺乳室建设，做好职工子女关爱服务，创建家庭友好型工作场所。

（2）强化品牌意识，推动工会女职工工作传统特色品牌的巩固拓展和发展提升，持之以恒做优做强女职工普法宣传、女职工权益保护专项集体合同、玫瑰书香、会聚良缘、爱心托管、托育服务、女职工休息哺乳室等特色品牌，不断赋予品牌新内涵、新亮点，发挥品牌示范引领效应。

（3）加大对工会女职工工作的经费支持和保障力度，落实《基层工会经费收支管理办法》，基层工会开展职工子女托管、托育以及"六一"儿童节慰问活动等职工子女关爱服务所需经费，可从工会经费中列支。

120. 开展"会聚良缘"工会婚恋交友服务的特点是什么

近年来，全国总工会一直高度重视广大青年职工婚恋交友难的问题，将婚恋交友服务作为精准关爱职工、提高职工生活品质的重要举措，指导各级工会积极组织职工婚恋交友服务活动。2022年出台《中华全国总工会关于加强新时代工会女职工工作的意见》，明确提出做优做强"会聚良缘"特色品牌。先后在京举办"会聚良缘 欢乐牵手"和"会聚良缘 情满更新"两场示范活动，并组织开展全国工会职工交友联谊展示活动。开展"会聚良缘"工会婚恋交友服务的特点主要包括以下方面。

（1）突出信息真实性。工会开展的婚恋服务活动，充分发挥工会组织优势，基于全面准确的会员信息数据库，通过职工信息实名注册、审核、录入，逐级对用户资料真实性进行验证审核，积极搭建安全可靠的婚恋交友平台。

（2）突出活动公益性。工会婚恋交友活动以服务职工为宗旨，以公益性为原则，建立信息真实、交友免费、立体服务、高信誉度的公益性工作机制。

（3）突出服务精准性。工会组织大力推动线上线下融合服务模式，将婚恋服务内容从单一化、碎片化到多元化、精准化转变，服务手段从线下为主到线上线下互动融合转变，打造信息互通、安全可资源共享的职工交友平台。职工可以轻松、快捷参与工会婚恋交友互动，更能高效、精准匹配到喜欢的对象，最大限度地提高婚恋匹配效率。

121. 工会开展女职工心理健康服务工作的主要做法有哪些

（1）强化顶层设计，不断提升女职工心理健康水平。2015年，全国总工会女职工委员会下发《关于深入实施"女职工关爱行动"的通知》，明确提出对女职工开展心理抚慰和心理疏导等服务，不断提升女职工心理健康水平。2016年，全国总工会与国家卫计委等22家单位联合下发了《关于加强心理健康服务的指导意见》，明确了加强心理健康服务的重要意义、总体要求和具体措施，为推进职工心理健康服务工作进一步指明了方向。2022年，《中华全国总工会关于加强新时代工会女职工工作的意见》明确提出要加强女职工人文关怀和心理疏导工作。

（2）坚持上下联动，加强心理健康服务体系建设。在全国总工会女职工委员会的大力倡导下，各级工会女职工组织将心理健康服务工作作为服务女职工的重要抓手，加大工作力度，敢于担当作为，通过下发相关文件、召开专门会议、制定工作方案，推动形成"党政支持、工会主导、企业参与、上下联动"的工作格局，同时加大阵地建设、人才队伍建设，逐步建立疏导干预、志愿服务等工作格局，努力构建女职工心理健康服务体系。

（3）注重因地制宜，线上线下联合开展心理健康服务。各级工会女职工组织针对女职工需求，因地制宜，线上线下相结合开展了心理知识普及、心理体检、心理公益讲座、心理咨询、心理热线与心理危机干预等女职工心理健康服务工作，帮助女职工缓解因职场压力、婚姻家庭、亲子教育等带来的心理问题。

（4）拓宽服务范围，为心理健康服务提供辅助支持。近年来，全国总工会女职工委员会主动适应女职工在精神文化、心理健康以及平衡工作和家庭等方面的多样化、差异化需求，推动各地持续开展"女职工关爱行动"，着力提升女职工的获得感、幸福感、安全感。各地工会通过开展线上线下专题讲座、教育培训、咨询指导等形式，为女职工及其家庭提供婚姻指导、心理咨询、子女教育等服务，指导女职工做好婚育压力与情绪管理，组织开展各种丰富多彩的文体活动，积极营造良好身心健康工作氛围。

122. 女职工两癌筛查的法律法规政策依据是什么

《女职工保健工作规定》明确规定用人单位应对女职工定期进行妇科疾病及乳腺疾病的查治。《健康企业建设规范（试行）》也明确要求将妇科和乳腺检查项目纳入女职工健康检查。《"健康中国 2030"规划纲要》明确提出提高妇女常见病筛查率和早诊早治率。《妇女权益保障法》第三十一条规定，县级以上地方人民政府应当设立妇幼保健机构，为妇女提供保健以及常见病防治服务。国家鼓励和支持社会力量通过依法捐赠、资助或者提供志愿服务等方式，参与妇女卫生健康事业，提供安全的生理健康用品或者服务，满足妇女多样化、差异化的健康需求。用人单位应当定期为女职工安排妇科疾病、乳腺疾病检查以及妇女特殊需要的其他健康检查。《加速消除宫颈癌行动计划（2022—2030 年）》对加强女职工宫颈癌筛查服务提出明确要求。

123. 工会组织采取哪些举措推动女职工两癌筛查工作

2021 年全国总工会办公厅、国家卫健委办公厅下发《关于加强女职工"两癌"筛查工作的通知》，要求各地工会和卫生健康行政部门要切实提高思想认识，加强部门协作，积极整合资源，形成工作合力，多措并举积极推进女职工"两癌"筛查工作。主要包括以下内容。

（1）广泛开展"两癌"防治知识宣传教育普及活动。各地工会和卫生健康行政部门要将"两癌"防治知识纳入公共卫生宣传和职工教育培训内容，面向社会、面向用人单位和职工广泛开展"两癌"筛查宣传和防治知识普及活动。

（2）依法推动用人单位对女职工定期进行"两癌"筛查。各地工会和卫生健康行政部门要大力推动用人单位履行法律义务，执行相关法律法规规定。各地工会要积极推动将"两癌"筛查纳入集体合同及女职工权益保护专项集体合同条款，紧密依托工会劳动法律监督制度，通过提示函、工会劳动法律监督意见书、工会劳动法律监督建议书等，监督用人单位定期组织女职工进行"两癌"筛查。各地卫生健康行政部门要积极为用人单位开展女职工"两癌"筛查提供专业指导和技术支持，确保女职工"两癌"筛查工作的规范性。

（3）积极开展公益性"两癌"筛查服务。各地工会和卫生健康行政部门要积极推动将女职工"两癌"筛查纳入地方政府民生实事项目。有条件的地方工会要积极争取通过设立专项资金、整合社会资源等方式，重点面向困难企业女职工、女性货车司机、跟车"卡嫂"、女性网约车司机、女性快递员、女性外卖送餐员等新就业形态女性劳动者，女性护工护理员、女性家政服务员、女性环卫工人等群体，通过购买服务等途径会同卫生健康行政部门开展公益性"两癌"筛查服务。

（4）倾情开展关爱帮扶工作。各地工会要积极关心关爱罹患"两癌"女职工，进一步加大帮扶服务力度，帮助她们解决生活困难。充分发挥工会职工互助保障组织作用，积极开展女职工特殊疾病互助保障及帮扶救助工作。

124. 女职工数字技能提升的总体要求是什么

全国总工会印发的《女职工数字技能提升方案》对提升女职工数字技能提出了总体要求，即坚持以女职工为中心，以提升女职工创新创造能力、促进女职工全面发展为根本目的，以构建女职工数字技能学习培训服务体系为重点，着力提升女职工数字工作、数字创新、数字生活、数字安全与伦理等技能素养，努力形成一批女职工数字创新成果。

125. 女职工数字技能提升的工作举措有哪些

《女职工数字技能提升方案》提出了以下五方面工作举措。

（1）构建女职工数字技能学习培训服务体系。

（2）全面提升女职工数字工作技能。

（3）大力培养女职工数字创新创造能力。

（4）加快提高女职工数字生活技能水平。

（5）系统强化女职工数字安全技能。

#　三、有关法律法规

(一) 安全生产法

126. 工会如何积极推动事关职工安全健康权益法律法规和政策的制定和完善

(1) 深入开展调查研究。针对工会劳动保护工作面临的新形势、新任务、新情况和职工群众最关心、最关注的难点热点问题开展调查研究，深入分析问题产生的原因，提出有针对性、可操作的对策措施建议。通过各级人大和政协提案议案、参与同级政府联席会议、参与各级安全生产委员会等渠道，及时反映涉及职工安全健康的利益诉求，推动实际问题的解决。

(2) 积极参与法律法规和政策的制定修改。积极参与安全生产、职业病防治、工伤保险、女职工劳动保护等事关职工安全健康权益的法律法规和政策的制定完善，提出工会主张，反映职工的意愿和合理诉求，切实从源头上维护职工合法权益。把基层在实践中创造出的可借鉴可复制的好经验好做法总结提炼出来，上升到法律法规政策层面，积极推动涉及职工安全健康权益的法律法规政策的不断完善。

(二) 职业病防治法

127. 用人单位应当落实哪些高温作业劳动保护措施

根据《防暑降温措施管理办法》规定，用人单位应当落实以下高温作业劳动保护措施。

（1）优先采用有利于控制高温的新技术、新工艺、新材料、新设备，从源头上降低或者消除高温危害。对于生产过程中不能完全消除的高温危害，应当采取综合控制措施，使其符合国家职业卫生标准要求。

（2）存在高温职业病危害的建设项目，应当保证其设计符合国家职业卫生相关标准和卫生要求，高温防护设施应当与主体工程同时设计，同时施工，同时投入生产和使用。

（3）存在高温职业病危害的用人单位，应当实施由专人负责的高温日常监测，并按照有关规定进行职业病危害因素检测、评价。

（4）用人单位应当依照有关规定对从事接触高温危害作业劳动者组织上岗前、在岗期间和离岗时的职业健康检查，将检查结果存入职业健康监护档案并书面告知劳动者。职业健康检查费用由用人单位承担。

（5）用人单位不得安排怀孕女职工和未成年工从事《工作场所职业病危害作业分级第3部分：高温》（GBZ/T229.3）中第三级以上的高温工作场所作业。

128. 在高温天气期间，用人单位应当采取哪些劳动保护措施

根据《防暑降温措施管理办法》规定，在高温天气期间，用人单位应当按照下列规定，根据生产特点和具体条件，采取合理安排工作时间、轮换作业、适当增加高温工作环境下劳动者的休息时间和减轻劳动强度、减少高温时段室外作业等措施。

（1）用人单位应当根据地市级以上气象主管部门所属气象台当日发布的预报气温，调整作业时间，但因人身财产安全和公众利益需要紧急处理的除外：

①日最高气温达到40℃以上，应当停止当日室外露天作业；

②日最高气温达到37℃以上、40℃以下时，用人单位全天安排劳动者室外露天作业时间累计不得超过6小时，连续作业时间不得超过国家规定，且在气温最高时段3小时内不得安排室外露天作业；

③日最高气温达到35℃以上、37℃以下时，用人单位应当采取换班轮休等方式，缩短劳动者连续作业时间，并且不得安排室外露天作业劳动者加班。

（2）在高温天气来临之前，用人单位应当对高温天气作业的劳动者进行健康检查，对患有心、肺、脑血管性疾病、肺结核、中枢神经系统疾病及其他身体状况不适合高温作业环境的劳动者，应当调整作业岗位。职业健康检查费用由用人单位承担。

（3）用人单位不得安排怀孕女职工和未成年工在35℃以上的高温天气期间从事室外露天作业及温度在33℃以上的工作场所作业。

（4）因高温天气停止工作、缩短工作时间的，用人单位不得扣除或降低劳动者工资。

（三）社会保险法

129. 享受基本养老保险待遇的条件是什么

《社会保险法》规定："参加基本养老保险的个人，达到法定退休年龄时累计缴费满十五年的，按月领取基本养老金。参加基本养老保险的个人，达到法定退休年龄时累计缴费不足十五年的，可以缴费至满十五年，按月领取基本养老金；也可以转入新型农村社会养老保险或者城镇居民社会养老保险，按照国务院规定享受相应的养老保险待遇。"根

三、有关法律法规

据这一规定，享受基本养老保险待遇的条件如下。

（1）必须达到法定退休年龄。我国现行的退休年龄是：男职工退休年龄为年满 60 周岁，女干部为 55 周岁，女工人为 50 周岁；从事井下、高空、高温、特别繁重体力劳动或者其他有害身体健康的工作，男年满 55 周岁、女年满 45 周岁，连续工龄满 10 年的；男年满 50 周岁，女年满 45 周岁，连续工龄满 10 年，经医院证明，并经劳动鉴定委员会确认，完全丧失劳动能力的；因工致残，经医院证明，并经劳动鉴定委员会确认，完全丧失劳动能力的。

（2）累计最低缴费满 15 年。缴费满 15 年是享受基本养老保险待遇的"门槛"，但并不代表缴满 15 年就可以不缴费，只要职工与用人单位建立劳动关系，就应按规定缴费。职工达到法定退休年龄但缴费不足 15 年的，可以在缴费至满 15 年（一次性补缴或者继续缴费均可）后享受基本养老保险待遇；也可以采取转入新型农村社会养老保险或者城镇居民社会养老保险的办法，解决其养老保障问题。

130. 生育保险有哪些特点

生育保险，是国家和社会对女职工在怀孕和分娩时给予的一种物质帮助。生育保险的主要内容是在女职工生育以及产前产后时，对她们提供医疗服务和产假期的生活保险待遇。其宗旨是通过向生育女职工提供生育津贴、产假及医疗服务等方面的待遇，保障她们因生育而暂时丧失劳动能力时的基本经济收入和医疗保健，帮助生育女职工恢复劳动能力，重返工作岗位，并使婴儿得到必要的照顾和哺育。从而体现国家和社会对妇女这一特殊时期给予的支持和爱护。生育保险的特点主要有以下几方面。

（1）保障对象主要是生育期间的女性劳动者，相对于其他险种来说覆盖范围小，有些国家和地区将生育保险范围扩大至所有育龄妇女。

（2）保险给付水平高，具有明显的福利性。

（3）无论女职工妊娠结果如何，均可以按照规定获得补偿。

（4）主要提供因生育导致劳动能力丧失期间的短期保险。

（5）与医疗保险密切相关。

131. 生育保险的作用是什么

生育保险是为了维护女职工的基本权益，减少和解决女职工在孕产期以及流产期间因生理特点造成的特殊困难，使她们在生育和流产期间得到必要的经济收入和医疗照顾，保障她们及时恢复健康，回到工作岗位。其主要作用有以下几个方面。

（1）实行生育保险是对妇女生育价值的认可。

（2）实行生育保险是对女职工基本生活的保障。

（3）实行生育保险是提高人口素质的需要。

132. 生育保险的覆盖范围是什么

我国现行的生育保险制度以《社会保险法》《劳动法》《劳动合同法》《女职工劳动保护特别规定》等为依据，所覆盖的范围为我国境内一切国家机关、人民团体、企业、事业单位、社会组织的职工。

133. 生育保险待遇包括哪些

根据《社会保险法》规定，用人单位已经缴纳生育保险费的，其职工享受生育保险待遇。生育保险待遇包括生育医疗费用和生育津贴。

生育医疗费用包括下列各项：

（1）生育的医疗费用；

（2）计划生育的医疗费用；

（3）法律、法规规定的其他项目费用。

职工有下列情形之一的，可以按照国家规定享受生育津贴：

（1）女职工生育享受产假；

（2）享受计划生育手术休假；

（3）法律、法规规定的其他情形。

生育津贴按照职工所在用人单位上年度职工月平均工资计发。

134. 生育津贴指的是什么

生育津贴指根据国家法律、法规规定对职业妇女因生育休产假而离开工作岗位期间，给予的生活费用，是对工资收入的替代。已经参加生育保险的，生育津贴按照用人单位上年度职工月平均工资的标准由生育保险基金支付。享受生育津贴的情形：女职工生育享受产假；享受计划生育手术休假；法律、法规规定的其他情形。

135. 用人单位未参加生育保险的怎么办

女职工产假期间的生育津贴，对已经参加生育保险的，按照用人单位上年度职工月平均工资的标准由生育保险基金支付；对未参加生育保险的，按照女职工产假前工资的标准由用人单位支付。

女职工生育或者流产的医疗费用，按照生育保险规定的项目和标准，对已经参加生育保险的，由生育保险基金支付；对未参加生育保险的，由用人单位支付。

136. 生育保险和职工基本医疗保险合并实施的主要政策是什么

国务院办公厅印发的《关于全面推进生育保险和职工基本医疗保险合并实施的意见》提出的主要措施如下。

（1）统一参保登记。参加职工基本医疗保险的在职职工同步参加生育保险。实施过程中要完善参保范围，结合全民参保登记计划摸清底数，促进实现应保尽保。

（2）统一基金征缴和管理。生育保险基金并入职工基本医疗保险基金，统一征缴，统筹层次一致。按照用人单位参加生育保险和职工基本医疗保险的缴费比例之和确定新的用人单位职工基本医疗保险费率，个人不缴纳生育保险费。同时，根据职工基本医疗保险基金支出情况和生育待遇的需求，按照收支平衡的原则，建立费率确定和调整机制。职工基本医疗保险基金严格执行社会保险基金财务制度，不再单列生育保险基金收入，在职工基本医疗保险统筹基金待遇支出中设置生育待遇支出项目。探索建立健全基金风险预警机制，坚持基金运行情况公开，加强内部控制，强化基金行政监督和社会监督，确保基金安全运行。

（3）统一医疗服务管理。两项保险合并实施后实行统一定点医疗服务管理。医疗保险经办机构与定点医疗机构签订相关医疗服务协议时，要将生育医疗服务有关要求和指标增加到协议内容中，并充分利用协议管理，强化对生育医疗服务的监控。执行基本医疗保险、工伤保险、生育保险药品目录以及基本医疗保险诊疗项目和医疗服务设施范围。促进生育医疗服务行为规范。将生育医疗费用纳入医保支付方式改革范围，推动住院分娩等医疗费用按病种、产前检查按人头等方式付费。生育医疗费用原则上实行医疗保险经办机构与定点医疗机构直接结算。充分利用医保智能监控系统,强化监控和审核,控制生育医疗费用不合理增长。

(4) 统一经办和信息服务。两项保险合并实施后,要统一经办管理,规范经办流程。经办管理统一由基本医疗保险经办机构负责,经费列入同级财政预算。充分利用医疗保险信息系统平台,实行信息系统一体化运行。原有生育保险医疗费用结算平台可暂时保留,待条件成熟后并入医疗保险结算平台。完善统计信息系统,确保及时全面准确反映生育保险基金运行、待遇享受人员、待遇支付等方面情况。

(5) 确保职工生育期间的生育保险待遇不变。生育保险待遇包括《社会保险法》规定的生育医疗费用和生育津贴,所需资金从职工基本医疗保险基金中支付。生育津贴支付期限按照《女职工劳动保护特别规定》等法律法规规定的产假期限执行。

(6) 确保制度可持续。各地要通过整合两项保险基金增强基金统筹共济能力;研判当前和今后人口形势对生育保险支出的影响,增强风险防范意识和制度保障能力;按照"尽力而为、量力而行"的原则,坚持从实际出发,从保障基本权益做起,合理引导预期;跟踪分析合并实施后基金运行情况和支出结构,完善生育保险监测指标;根据生育保险支出需求,建立费率动态调整机制,防范风险转嫁,实现制度可持续发展。

(四) 妇女权益保障法

137.《妇女权益保障法》的立法宗旨是什么

《妇女权益保障法》是根据《宪法》和我国的实际情况而制定的法律,其目的是为了保障妇女的合法权益,促进男女平等,充分发挥妇女在社会主义现代化建设中的作用。2022年10月30日，中华人民共和国第十三届全国人民代表大会常务委员会第三十七次会议修订通过《妇女权益保障法》，自2023年1月1日起施行。

《妇女权益保障法》第一条规定，"为了保障妇女的合法权益，促进男女平等和妇女全面发展，充分发挥妇女在全面建设社会主义现代化国家中的作用，弘扬社会主义核心价值观，根据宪法，制定本法"。

138. 《妇女权益保障法》的基本原则有哪些

《妇女权益保障法》贯彻了以下三项基本原则：
（1）男女权利平等的原则；
（2）保护妇女的特殊权益和对妇女的权益实行特殊保护的原则；
（3）消除对妇女一切形式的歧视的原则。

139. 妇女在哪些方面享有与男子平等的权利

《妇女权益保障法》第二条规定，妇女在政治的、经济的、文化的、社会的和家庭的生活等各方面享有同男子平等的权利。国家采取必要措施，促进男女平等，消除对妇女一切形式的歧视，禁止排斥、限制妇女依法享有和行使各项权益。国家保护妇女依法享有的特殊权益。

140. 保障妇女权益工作机制是什么

《妇女权益保障法》第三条规定，坚持中国共产党对妇女权益保障工作的领导，建立政府主导、各方协同、社会参与的保障妇女权益工作机制。各级人民政府应当重视和加强妇女权益的保障工作。县级以上人民政府负责妇女儿童工作的机构，负责组织、协调、指导、督促有关部门做好妇女权益的保障工作。县级以上人民政府有关部门在各自的职责范围内做好妇女权益的保障工作。

《妇女权益保障法》第四条规定，保障妇女的合法权益是全社会的共同责任。国家机关、社会团体、企业事业单位、基层群众性自治组织以及其他组织和个人，应当依法保障妇女的权益。国家采取有效措施，为妇女依法行使权利提供必要的条件。

141. 妇女联合会在维护妇女权益方面的职责是什么

妇女联合会是全国各族各界妇女在中国共产党领导下为争取进一步解放而联合起来的社会群众团体，是党和政府联系妇女群众的桥梁和纽带，是国家政权的重要社会支柱。《妇女权益保障法》第六条规定，"中华全国妇女联合会和地方各级妇女联合会依照法律和中华全国妇女联合会章程，代表和维护各族各界妇女的利益，做好维护妇女权益、促进男女平等和妇女全面发展的工作"。

142.《妇女权益保障法》对妇女自身提出了怎样的要求

《妇女权益保障法》第七条规定，国家鼓励妇女自尊、自信、自立、自强，运用法律维护自身合法权益。妇女应当遵守国家法律，尊重社会公德、职业道德和家庭美德，履行法律所规定的义务。

143. 妇女权益保障法规定的政治权利包括哪些内容

《妇女权益保障法》对妇女政治权利的规定包括以下内容。

（1）对妇女政治权利宣言性的规定。如第十二条："国家保障妇女享有与男子平等的政治权利。"

（2）对妇女管理国家、社会事务权的保障。如第十三条："妇女有权通过各种途径和形式，依法参与管理国家事务、管理经济和文化事业、管理社会事务。妇女和妇女组织有权向各级国家机关提出妇女权益保障方面的意见和建议。"

（3）对妇女选举权和被选举权的保障。如第十四条第一款："妇女享有与男子平等的选举权和被选举权。"

（4）对妇女参政权的特别保障。如第十四条第二款："全国人民代表大会和地方各级人民代表大会的代表中，应当保证有适当数量的妇女代表。国家采取措施，逐步提高全国人民代表大会和地方各级人民代表大会的妇女代表的比例。居民委员会、村民委员会成员中，应当保证有适当数量的妇女成员。"

（5）培养和选拔女干部。如第十五条："国家积极培养和选拔女干部，重视培养和选拔少数民族女干部。国家机关、群团组织、企业事业单位培养、选拔和任用干部，应当坚持男女平等的原则，并有适当数量的妇女担任领导成员。妇女联合会及其团体会员，可以向国家机关、群团组织、企业事业单位推荐女干部。国家采取措施支持女性人才成长。"

（6）加强妇女联合会在妇女参政中的作用。如第十六、十七条："妇女联合会代表妇女积极参与国家和社会事务的民主协商、民主决策、民主管理和民主监督。""对于有关妇女权益保障工作的批评或者合理可行的建议，有关部门应当听取和采纳；对于有关侵害妇女权益的申诉、控告和检举，有关部门应当查清事实，负责处理，任何组织和个人不得压制或者打击报复。"

144. 如何保障妇女人身自由、人格尊严和生命权、身体权、健康权不受侵犯

《妇女权益保障法》第十九条规定，妇女的人身自由不受侵犯。禁止非法拘禁和以其他非法手段剥夺或者限制妇女的人身自由；禁止非法搜查妇女的身体。

《妇女权益保障法》第二十条规定，妇女的人格尊严不受侵犯。禁止用侮辱、诽谤等方式损害妇女的人格尊严。

《妇女权益保障法》第二十一条规定，妇女的生命权、身体权、健康权不受侵犯。禁止虐待、遗弃、残害、买卖以及其他侵害女性生命健康权益的行为。禁止进行非医学需要的胎儿性别鉴定和选择性别的人工终止妊娠。医疗机构施行生育手术、特殊检查或者特殊治疗时，应当征得妇女本人同意；在妇女与其家属或者关系人意见不一致时，应当尊重妇女本人意愿。

《妇女权益保障法》第二十二条规定，禁止拐卖、绑架妇女；禁止收买被拐卖、绑架的妇女；禁止阻碍解救被拐卖、绑架的妇女。各级人民政府和公安、民政、人力资源和社会保障、卫生健康等部门及村民委员会、居民委员会按照各自的职责及时发现报告，并采取措施解救被拐卖、绑架的妇女，做好被解救妇女的安置、救助和关爱等工作。妇女联合会协助和配合做好有关工作。任何组织和个人不得歧视被拐卖、绑架的妇女。

145. 预防和禁止对妇女性骚扰的措施有哪些

根据《妇女权益保障法》规定，禁止对妇女性骚扰的措施主要有

以下几方面。

（1）禁止违背妇女意愿，以言语、文字、图像、肢体行为等方式对其实施性骚扰。受害妇女可以向有关单位和国家机关投诉。接到投诉的有关单位和国家机关应当及时处理，并书面告知处理结果。受害妇女可以向公安机关报案，也可以向人民法院提起民事诉讼，依法请求行为人承担民事责任。

（2）学校应当根据女学生的年龄阶段，进行生理卫生、心理健康和自我保护教育，在教育、管理、设施等方面采取措施，提高其防范性侵害、性骚扰的自我保护意识和能力，保障女学生的人身安全和身心健康发展。学校应当建立有效预防和科学处置性侵害、性骚扰的工作制度。对性侵害、性骚扰女学生的违法犯罪行为，学校不得隐瞒，应当及时通知受害未成年女学生的父母或者其他监护人，向公安机关、教育行政部门报告，并配合相关部门依法处理。对遭受性侵害、性骚扰的女学生，学校、公安机关、教育行政部门等相关单位和人员应当保护其隐私和个人信息，并提供必要的保护措施。

（3）用人单位应当采取下列措施预防和制止对妇女的性骚扰：①制定禁止性骚扰的规章制度；②明确负责机构或者人员；③开展预防和制止性骚扰的教育培训活动；④采取必要的安全保卫措施；⑤设置投诉电话、信箱等，畅通投诉渠道；⑥建立和完善调查处置程序，及时处置纠纷并保护当事人隐私和个人信息；⑦支持、协助受害妇女依法维权，必要时为受害妇女提供心理疏导；⑧其他合理的预防和制止性骚扰措施。

（4）住宿经营者应当及时准确登记住宿人员信息，健全住宿服务规章制度，加强安全保障措施；发现可能侵害妇女权益的违法犯罪行为，应当及时向公安机关报告。

146. 如何保护妇女的姓名权、肖像权、名誉权、荣誉权、隐私权和个人信息等人格权益

《妇女权益保障法》第二十八条规定，妇女的姓名权、肖像权、名誉权、荣誉权、隐私权和个人信息等人格权益受法律保护。媒体报道涉及妇女事件应当客观、适度，不得通过夸大事实、过度渲染等方式侵害妇女的人格权益。禁止通过大众传播媒介或者其他方式贬低损害妇女人格。未经本人同意，不得通过广告、商标、展览橱窗、报纸、期刊、图书、音像制品、电子出版物、网络等形式使用妇女肖像，但法律另有规定的除外。

147. 如何建立健全妇女健康服务体系

国家建立健全妇女健康服务体系，保障妇女享有基本医疗卫生服务，开展妇女常见病、多发病的预防、筛查和诊疗，提高妇女健康水平。

国家采取必要措施，开展经期、孕期、产期、哺乳期和更年期的健康知识普及、卫生保健和疾病防治，保障妇女特殊生理时期的健康需求，为有需要的妇女提供心理健康服务支持。

县级以上地方人民政府应当设立妇幼保健机构，为妇女提供保健以及常见病防治服务。

国家鼓励和支持社会力量通过依法捐赠、资助或者提供志愿服务等方式，参与妇女卫生健康事业，提供安全的生理健康用品或者服务，满足妇女多样化、差异化的健康需求。

用人单位应当定期为女职工安排妇科疾病、乳腺疾病检查以及妇女特殊需要的其他健康检查。

148. 妇女有生育权吗

生育权是一项基本人权，是指公民享有生育子女及获得与此相关的信息和服务的权利。《妇女权益保障法》第三十二条规定，妇女依法享有生育子女的权利，也有不生育子女的自由。

149. 妇女享有与男子平等的文化教育权利吗

文化教育权利是公民根据宪法法律的规定，享有受教育的权利和进行科学研究、文学艺术创作和其他文化活动的自由。文化教育权利是妇女的基本权利之一。《妇女权益保障法》第三十五条规定，国家保障妇女享有与男子平等的文化教育权利。

150. 如何保障妇女享有与男子平等的文化教育权利

根据《妇女权益保障法》规定，保障妇女享有与男子平等的文化教育权利的基本要求如下。

（1）父母或者其他监护人应当履行保障适龄女性未成年人接受并完成义务教育的义务。对无正当理由不送适龄女性未成年人入学的父母或者其他监护人，由当地乡镇人民政府或者县级人民政府教育行政部门给予批评教育，依法责令其限期改正。居民委员会、村民委员会应当协助政府做好相关工作。政府、学校应当采取有效措施，解决适龄女性未成年人就学存在的实际困难，并创造条件，保证适龄女性未成年人完成义务教育。

（2）学校和有关部门应当执行国家有关规定，保障妇女在入学、升学、授予学位、派出留学、就业指导和服务等方面享有与男子平等的权利。学校在录取学生时，除国家规定的特殊专业外，不得以性别为由拒绝录取女性或者提高对女性的录取标准。各级人民政府应当采取措施，保障女性平等享有接受中高等教育的权利和机会。

（3）各级人民政府应当依照规定把扫除妇女中的文盲、半文盲工作，纳入扫盲和扫盲后继续教育规划，采取符合妇女特点的组织形式和工作方法，组织、监督有关部门具体实施。

（4）国家健全全民终身学习体系，为妇女终身学习创造条件。各级人民政府和有关部门应当采取措施，根据城镇和农村妇女的需要，组织妇女接受职业教育和实用技术培训。

（5）国家机关、社会团体和企业事业单位应当执行国家有关规定，保障妇女从事科学、技术、文学、艺术和其他文化活动，享有与男子平等的权利。

151. 如何防止和纠正就业性别歧视

《妇女权益保障法》第四十一条规定，国家保障妇女享有与男子平等的劳动权利和社会保障权利。

《妇女权益保障法》第四十二条规定，各级人民政府和有关部门应当完善就业保障政策措施，防止和纠正就业性别歧视，为妇女创造公平的就业创业环境，为就业困难的妇女提供必要的扶持和援助。

《妇女权益保障法》第四十三条规定，用人单位在招录（聘）过程中，除国家另有规定外，不得实施下列行为：

（1）限定为男性或者规定男性优先；

（2）除个人基本信息外，进一步询问或者调查女性求职者的婚育情况；

(3) 将妊娠测试作为入职体检项目；

(4) 将限制结婚、生育或者婚姻、生育状况作为录（聘）用条件；

(5) 其他以性别为由拒绝录（聘）用妇女或者差别化地提高对妇女录（聘）用标准的行为。

152. 用人单位与女职工签订的劳动（聘用）合同中是否应当具备女职工特殊劳动保护条款

根据《妇女权益保障法》第四十四条规定，用人单位在录（聘）用女职工时，应当依法与其签订劳动（聘用）合同或者服务协议，劳动（聘用）合同或者服务协议中应当具备女职工特殊保护条款，并不得规定限制女职工结婚、生育等内容。职工一方与用人单位订立的集体合同中应当包含男女平等和女职工权益保护相关内容，也可以就相关内容制定专章、附件或者单独订立女职工权益保护专项集体合同。

153. 《妇女权益保障法》对男女同工同酬是怎样规定的

《妇女权益保障法》第四十五条规定，"实行男女同工同酬。妇女在享受福利待遇方面享有与男子平等的权利"。第四十六条规定，"在晋职、晋级、评聘专业技术职称和职务、培训等方面，应当坚持男女平等的原则，不得歧视妇女"。

154. 《妇女权益保障法》对妇女经期、孕期、产期、哺乳期保护有什么规定

《妇女权益保障法》对妇女经期、孕期、产期、哺乳期保护的规定

主要有以下几方面。

（1）用人单位应当根据妇女的特点，依法保护妇女在工作和劳动时的安全、健康以及休息的权利。妇女在经期、孕期、产期、哺乳期受特殊保护。

（2）用人单位不得因结婚、怀孕、产假、哺乳等情形，降低女职工的工资和福利待遇，限制女职工晋职、晋级、评聘专业技术职称和职务，辞退女职工，单方解除劳动（聘用）合同或者服务协议。

（3）女职工在怀孕以及依法享受产假期间，劳动（聘用）合同或者服务协议期满的，劳动（聘用）合同或者服务协议期限自动延续至产假结束。但是，用人单位依法解除、终止劳动（聘用）合同、服务协议，或者女职工依法要求解除、终止劳动（聘用）合同、服务协议的除外。

（4）用人单位在执行国家退休制度时，不得以性别为由歧视妇女。

155.如何保障妇女享有社会保险、社会救助和社会福利等权益

《妇女权益保障法》对保障妇女享有社会保险、社会救助和社会福利等权益主要作了以下规定。

（1）国家发展社会保障事业，保障妇女享有社会保险、社会救助和社会福利等权益。国家提倡和鼓励为帮助妇女而开展的社会公益活动。

（2）国家实行生育保险制度，建立健全婴幼儿托育服务等与生育相关的其他保障制度。国家建立健全职工生育休假制度，保障孕产期女职工依法享有休息休假权益。

（3）地方各级人民政府和有关部门应当按照国家有关规定，为符合条件的困难妇女提供必要的生育救助。

（4）各级人民政府和有关部门应当采取必要措施，加强贫困妇女、老龄妇女、残疾妇女等困难妇女的权益保障，按照有关规定为其提供生活帮扶、就业创业支持等关爱服务。

156. 妇女享有与男子平等的财产权吗

财产权，指以财产利益为内容，直接体现财产利益的民事权利。财产权是可以以金钱计算价值的，一般具有可让与性，受到侵害时需以财产方式予以救济。财产权既包括物权、债权、继承权，也包括知识产权中的财产权利。《宪法》第十三条明确规定，公民的合法的私有财产不受侵犯。国家依照法律规定保护公民的私有财产权和继承权。

《妇女权益保障法》第五十三规定，国家保障妇女享有与男子平等的财产权利。

157.《妇女权益保障法》对妇女的继承权有什么规定

《妇女权益保障法》第五十八条规定，妇女享有与男子平等的继承权。妇女依法行使继承权，不受歧视。丧偶妇女有权依法处分继承的财产，任何组织和个人不得干涉。第五十九条规定，丧偶儿媳对公婆尽了主要赡养义务的，作为第一顺序继承人，其继承权不受子女代位继承的影响。

158.《妇女权益保障法》对于妇女的婚姻家庭权益作了哪些规定

婚姻家庭权益是指婚姻家庭成员在婚姻家庭关系中所享有的权利和利益。《妇女权益保障法》第六十条规定，国家保障妇女享有与男子平等的婚姻家庭权利。

根据《妇女权益保障法》规定，妇女享有以下婚姻家庭权益。

(1) 妇女的婚姻自主权。《妇女权益保障法》第六十一条规定，国家保护妇女的婚姻自主权。禁止干涉妇女的结婚、离婚自由。

(2) 为了保护孕、产妇女身心健康，在一定期限内限制男方的离婚请求权。《妇女权益保障法》第六十四条规定，女方在怀孕期间、分娩后一年内或者终止妊娠后六个月内，男方不得提出离婚；但是，女方提出离婚或者人民法院认为确有必要受理男方离婚请求的除外。

(3) 禁止对妇女实施家庭暴力。《妇女权益保障法》第六十五条规定，禁止对妇女实施家庭暴力。县级以上人民政府有关部门、司法机关、社会团体、企业事业单位、基层群众性自治组织以及其他组织，应当在各自的职责范围内预防和制止家庭暴力，依法为受害妇女提供救助。

(4) 女方对夫妻共同财产享有与其配偶平等的权利。《妇女权益保障法》第六十六条规定，妇女对夫妻共同财产享有与其配偶平等的占有、使用、收益和处分的权利，不受双方收入状况等情形的影响。对夫妻共同所有的不动产以及可以联名登记的动产，女方有权要求在权属证书上记载其姓名；认为记载的权利人、标的物、权利比例等事项有错误的，有权依法申请更正登记或者异议登记，有关机构应当按照其申请依法办理相应登记手续。

(5) 离婚诉讼期间对妇女财产的保护。《妇女权益保障法》第六十七条规定，离婚诉讼期间，夫妻一方申请查询登记在对方名下财产状况且确因客观原因不能自行收集的，人民法院应当进行调查取证，有关部门和单位应当予以协助。离婚诉讼期间，夫妻双方均有向人民法院申报全部夫妻共同财产的义务。一方隐藏、转移、变卖、损毁、挥霍夫妻共同财产，或者伪造夫妻共同债务企图侵占另一方财产的，在离婚分割夫妻共同财产时，对该方可以少分或者不分财产。

（6）离婚时家务劳动经济补偿规定。《妇女权益保障法》第六十八条规定，夫妻双方应当共同负担家庭义务，共同照顾家庭生活。女方因抚育子女、照料老人、协助男方工作等负担较多义务的，有权在离婚时要求男方予以补偿。补偿办法由双方协议确定；协议不成的，可以向人民法院提起诉讼。

（7）离婚时住房问题处理规定。《妇女权益保障法》第六十九条规定，离婚时，分割夫妻共有的房屋或者处理夫妻共同租住的房屋，由双方协议解决；协议不成的，可以向人民法院提起诉讼。

（8）母亲对未成年子女的监护权。《妇女权益保障法》第七十条规定，父母双方对未成年子女享有平等的监护权。父亲死亡、无监护能力或者有其他情形不能担任未成年子女的监护人的，母亲的监护权任何组织和个人不得干涉。

（9）在法定情形下照顾女方抚养子女的合理要求。《妇女权益保障法》第七十一条规定，女方丧失生育能力的，在离婚处理子女抚养问题时，应当在最有利于未成年子女的条件下，优先考虑女方的抚养要求。

159. 妇女的合法权益受到侵害，可以通过哪些渠道寻求救济

根据《妇女权益保障法》规定，妇女的合法权益受到侵害的救济途径主要如下。

（1）对侵害妇女合法权益的行为，任何组织和个人都有权予以劝阻、制止或者向有关部门提出控告或者检举。有关部门接到控告或者检举后，应当依法及时处理，并为控告人、检举人保密。

（2）妇女的合法权益受到侵害的，有权要求有关部门依法处理，或者依法申请调解、仲裁，或者向人民法院起诉。对符合条件的妇女，当地法律援助机构或者司法机关应当给予帮助，依法为其提供法律援助或者司法救助。

（3）妇女的合法权益受到侵害的，可以向妇女联合会等妇女组织求助。妇女联合会等妇女组织应当维护被侵害妇女的合法权益，有权要求并协助有关部门或者单位查处。有关部门或者单位应当依法查处，并予以答复；不予处理或者处理不当的，县级以上人民政府负责妇女儿童工作的机构、妇女联合会可以向其提出督促处理意见，必要时可以提请同级人民政府开展督查。受害妇女进行诉讼需要帮助的，妇女联合会应当给予支持和帮助。

160. 用人单位侵害妇女劳动和社会保障权益的，是否可以约谈用人单位

《妇女权益保障法》第七十四条规定，用人单位侵害妇女劳动和社会保障权益的，人力资源和社会保障部门可以联合工会、妇女联合会约谈用人单位，依法进行监督并要求其限期纠正。

161. 侵害妇女合法权益检察机关可提起公益诉讼吗

公益诉讼一般指国家机关或者经过授权的组织为维护公共利益，针对侵犯社会公共利益的行为向人民法院提起的诉讼。公益诉讼分为民事公益诉讼和行政公益诉讼。行政公益诉讼是指检察机关在履行职责中发现生态环境和资源保护、食品药品安全、国有财产保护、国有土地使用权出让等领域负有监督管理职责的行政机关违法行使职权或不作为，致

使国家利益或者社会公共利益受到侵害的，应当向行政机关提出检察建议，督促其依法履行职责，行政机关不依法履行职责的，检察机关依法向人民法院提起诉讼。民事公益诉讼是指检察机关在履行职责中发现破坏生态环境和资源保护、食品药品安全领域侵害众多消费者合法权益等损害社会公共利益的行为，在没有法律规定的机关和组织或者法律规定的机关和组织不提起诉讼的情况下，可以向人民法院提起诉讼。

《妇女权益保障法》第七十七条规定，侵害妇女合法权益，导致社会公共利益受损的，检察机关可以发出检察建议；有下列情形之一的，检察机关可以依法提起公益诉讼：

（1）确认农村妇女集体经济组织成员身份时侵害妇女权益或者侵害妇女享有的农村土地承包和集体收益、土地征收征用补偿分配权益和宅基地使用权益；

（2）侵害妇女平等就业权益；

（3）相关单位未采取合理措施预防和制止性骚扰；

（4）通过大众传播媒介或者其他方式贬低损害妇女人格；

（5）其他严重侵害妇女权益的情形。

162. 违反性骚扰规定的法律责任是什么

《妇女权益保障法》第八十条规定，违反本法规定，对妇女实施性骚扰的，由公安机关给予批评教育或者出具告诫书，并由所在单位依法给予处分。学校、用人单位违反本法规定，未采取必要措施预防和制止性骚扰，造成妇女权益受到侵害或者社会影响恶劣的，由上级机关或者主管部门责令改正；拒不改正或者情节严重的，依法对直接负责的主管人员和其他直接责任人员给予处分。

163. 通过大众传播媒介或者其他方式贬低损害妇女人格的，承担什么法律责任

《妇女权益保障法》第八十二条规定，违反本法规定，通过大众传播媒介或者其他方式贬低损害妇女人格的，由公安、网信、文化旅游、广播电视、新闻出版或者其他有关部门依据各自的职权责令改正，并依法给予行政处罚。

164. 侵害妇女人身和人格权益、文化教育权益、劳动和社会保障权益、财产权益以及婚姻家庭权益的，承担什么法律责任

《妇女权益保障法》第八十四条规定，违反本法规定，侵害妇女人身和人格权益、文化教育权益、劳动和社会保障权益、财产权益以及婚姻家庭权益的，依法责令改正，直接负责的主管人员和其他直接责任人员属于国家工作人员的，依法给予处分。第八十五条规定，违反本法规定，侵害妇女的合法权益，其他法律、法规规定行政处罚的，从其规定；造成财产损失或者人身损害的，依法承担民事责任；构成犯罪的，依法追究刑事责任。

（五）反家庭暴力法

165. 家庭暴力指的是什么

《反家庭暴力法》第二条规定，本法所称家庭暴力，指家庭成员之

间以殴打、捆绑、残害、限制人身自由以及经常性谩骂、恐吓等方式实施的身体、精神等侵害行为。家庭暴力直接作用于受害者身体，使受害者身体上或精神上感到痛苦，损害其身体健康和人格尊严。家庭暴力发生于有血缘、婚姻、收养关系，生活在一起的家庭成员之间，如丈夫对妻子、父母对子女、成年子女对父母等，妇女和儿童是家庭暴力的主要受害者，有些中老年人、男性和残疾人也会成为家庭暴力的受害者。

《最高人民法院关于办理人身安全保护令案件适用法律若干问题的规定》第三条规定，家庭成员之间以冻饿或者经常性侮辱、诽谤、威胁、跟踪、骚扰等方式实施的身体或者精神侵害行为，应当认定为反家庭暴力法第二条规定的"家庭暴力"。

《反家庭暴力法》第三条规定，家庭成员之间应当互相帮助，互相关爱，和睦相处，履行家庭义务。反家庭暴力是国家、社会和每个家庭的共同责任。国家禁止任何形式的家庭暴力。

166. 一般夫妻纠纷与家庭暴力有什么区别

一般夫妻纠纷中也可能存在轻微暴力甚至因失手而造成较为严重的身体伤害，但其与家庭暴力有着本质的区别。家庭暴力的核心是权力和控制，本质上通过暴力行为造成受害人身体或心理伤害而导致其因恐惧而屈从，家暴往往会呈现周期性。此外，虽不是家庭成员但共同生活的人，如同居但未婚的恋人、离婚但仍共同生活的伴侣等，实施暴力行为的也是家庭暴力。

167. 反家庭暴力工作应遵循的原则是什么

根据《反家庭暴力法》规定，反家庭暴力工作应遵循的原则如下：
（1）预防为主；

（2）教育、矫治与惩处相结合；

（3）尊重受害人真实意愿；

（4）保护当事人隐私；

（5）老幼病残孕特殊保护。

168. 如何预防家庭暴力

根据《反家庭暴力法》规定，预防家庭暴力的措施主要如下。

（1）国家开展家庭美德宣传教育，普及反家庭暴力知识，增强公民反家庭暴力意识。工会、共产主义青年团、妇女联合会、残疾人联合会应当在各自工作范围内，组织开展家庭美德和反家庭暴力宣传教育。广播、电视、报刊、网络等应当开展家庭美德和反家庭暴力宣传。学校、幼儿园应当开展家庭美德和反家庭暴力教育。

（2）县级以上人民政府有关部门、司法机关、妇女联合会应当将预防和制止家庭暴力纳入业务培训和统计工作。医疗机构应当做好家庭暴力受害人的诊疗记录。

（3）乡镇人民政府、街道办事处应当组织开展家庭暴力预防工作，居民委员会、村民委员会、社会工作服务机构应当予以配合协助。

（4）各级人民政府应当支持社会工作服务机构等社会组织开展心理健康咨询、家庭关系指导、家庭暴力预防知识教育等服务。

（5）人民调解组织应当依法调解家庭纠纷，预防和减少家庭暴力的发生。

（6）用人单位发现本单位人员有家庭暴力情况的，应当给予批评教育，并做好家庭矛盾的调解、化解工作。

（7）未成年人的监护人应当以文明的方式进行家庭教育，依法履行监护和教育职责，不得实施家庭暴力。

169. 遇到家庭暴力，如何申请救助

家庭暴力受害人及其法定代理人、近亲属可以向加害人或者受害人所在单位、居民委员会、村民委员会、妇女联合会等单位投诉、反映或者求助。有关单位接到家庭暴力投诉、反映或者求助后，应当给予帮助、处理。家庭暴力受害人及其法定代理人、近亲属也可以向公安机关报案或者依法向人民法院起诉。单位、个人发现正在发生的家庭暴力行为，有权及时劝阻。

学校、幼儿园、医疗机构、居民委员会、村民委员会、社会工作服务机构、救助管理机构、福利机构及其工作人员在工作中发现无民事行为能力人、限制民事行为能力人遭受或者疑似遭受家庭暴力的，应当及时向公安机关报案。公安机关应当对报案人的信息予以保密。

170. 公安机关可以出具家庭暴力告诫书吗

家庭暴力告诫是一种行政指导行为，是公安机关对依法不给予治安管理处罚的家庭暴力加害人采取的书面的训诫、教育、警示，以督促其改正违法行为。家庭暴力告诫书适用于家庭暴力情节较轻，依法不给予治安管理处罚的情形。如果家庭暴力情节较重，应当给予治安管理处罚或者涉嫌刑事犯罪，就不能出具家庭暴力告诫书。

根据《反家庭暴力法》规定，家庭暴力情节较轻，依法不给予治安管理处罚的，由公安机关对加害人给予批评教育或者出具告诫书。告诫书应当包括加害人的身份信息、家庭暴力的事实陈述、禁止加害人实施家庭暴力等内容。

公安机关应当将告诫书送交加害人、受害人,并通知居民委员会、村民委员会。居民委员会、村民委员会、公安派出所应当对收到告诫书的加害人、受害人进行查访,监督加害人不再实施家庭暴力。

171. 家庭暴力如何取证

《反家庭暴力法》第二十条规定,"人民法院审理涉及家庭暴力的案件,可以根据公安机关出警记录、告诫书、伤情鉴定意见等证据,认定家庭暴力事实"。所以,受害人可以向人民法院提交公安机关出警记录、告诫书、伤情鉴定意见等证据以证明家庭暴力事实。

《最高人民法院关于办理人身安全保护令案件适用法律若干问题的规定》第五条规定,当事人及其代理人对因客观原因不能自行收集的证据,申请人民法院调查收集,符合《最高人民法院关于适用〈中华人民共和国民事诉讼法〉的解释》第九十四条第一款规定情形的,人民法院应当调查收集。人民法院经审查,认为办理案件需要的证据符合《最高人民法院关于适用〈中华人民共和国民事诉讼法〉的解释》第九十六条规定的,应当调查收集。

172. 什么情况下受害人可以申请人身安全保护令

当事人因遭受家庭暴力或者面临家庭暴力的现实危险,向人民法院申请人身安全保护令的,人民法院应当受理。当事人是无民事行为能力人、限制民事行为能力人,或者因受到强制、威吓等原因无法申请人身安全保护令的,其近亲属、公安机关、妇女联合会、居民委员会、村民委员会、救助管理机构可以代为申请。

申请人身安全保护令应当以书面方式提出；书面申请确有困难的，可以口头申请，由人民法院记入笔录。

人身安全保护令案件由申请人或者被申请人居住地、家庭暴力发生地的基层人民法院管辖。

173. 向人民法院申请人身安全保护令，是否以提起离婚等民事诉讼为条件

《最高人民法院关于办理人身安全保护令案件适用法律若干问题的规定》规定，向人民法院申请人身安全保护令，不以提起离婚等民事诉讼为条件。该规定明确了向人民法院申请人身安全保护令不需要在先提起离婚诉讼或者其他诉讼，也不需要在申请人身安全保护令后一定期限内提起离婚等诉讼。从程序法角度看，人身安全保护令的申请、审查、执行等均具有高度独立性，完全可以不依托于其他诉讼而独立存在。这符合人身安全保护令快速、及时制止家庭暴力的基本特征和制度目的。

174. 作出人身安全保护令，应当具备哪些条件

根据《反家庭暴力法》规定，人身安全保护令由人民法院以裁定形式作出。

作出人身安全保护令，应当具备下列条件：

（1）有明确的被申请人；

（2）有具体的请求；

（3）有遭受家庭暴力或者面临家庭暴力现实危险的情形。

175. 人身安全保护令案件中，人民法院根据哪些证据依法作出人身安全保护令

《最高人民法院关于办理人身安全保护令案件适用法律若干问题的规定》第六条规定，人身安全保护令案件中，人民法院根据相关证据，认为申请人遭受家庭暴力或者面临家庭暴力现实危险的事实存在较大可能性的，可以依法作出人身安全保护令。前款所称"相关证据"包括：

（1）当事人的陈述；

（2）公安机关出具的家庭暴力告诫书、行政处罚决定书；

（3）公安机关的出警记录、讯问笔录、询问笔录、接警记录、报警回执等；

（4）被申请人曾出具的悔过书或者保证书等；

（5）记录家庭暴力发生或者解决过程等的视听资料；

（6）被申请人与申请人或者其近亲属之间的电话录音、短信、即时通讯信息、电子邮件等；

（7）医疗机构的诊疗记录；

（8）申请人或者被申请人所在单位、民政部门、居民委员会、村民委员会、妇女联合会、残疾人联合会、未成年人保护组织、依法设立的老年人组织、救助管理机构、反家暴社会公益机构等单位收到投诉、反映或者求助的记录；

（9）未成年子女提供的与其年龄、智力相适应的证言或者亲友、邻居等其他证人证言；

（10）伤情鉴定意见；

（11）其他能够证明申请人遭受家庭暴力或者面临家庭暴力现实危

险的证据。

人民法院可以通过在线诉讼平台、电话、短信、即时通讯工具、电子邮件等简便方式询问被申请人。被申请人未发表意见的，不影响人民法院依法作出人身安全保护令。

《反家庭暴力法》第二十八条规定，人民法院受理申请后，应当在72小时内作出人身安全保护令或者驳回申请；情况紧急的，应当在24小时内作出。

176. 人身安全保护令可以包括什么措施

根据《反家庭暴力法》第二十九条规定，人身安全保护令可以包括下列措施：

（1）禁止被申请人实施家庭暴力；

（2）禁止被申请人骚扰、跟踪、接触申请人及其相关近亲属；

（3）责令被申请人迁出申请人住所；

（4）保护申请人人身安全的其他措施。

《最高人民法院关于办理人身安全保护令案件适用法律若干问题的规定》第十条规定，反家庭暴力法第二十九条第四项规定的"保护申请人人身安全的其他措施"可以包括下列措施：

（1）禁止被申请人以电话、短信、即时通讯工具、电子邮件等方式侮辱、诽谤、威胁申请人及其相关近亲属；

（2）禁止被申请人在申请人及其相关近亲属的住所、学校、工作单位等经常出入场所的一定范围内从事可能影响申请人及其相关近亲属正常生活、学习、工作的活动。

177. 人身安全保护令的有效期是多久？如何执行

人身安全保护令的有效期不超过 6 个月，自作出之日起生效。人身安全保护令失效前，人民法院可以根据申请人的申请撤销、变更或者延长。

人民法院作出人身安全保护令后，应当送达申请人、被申请人、公安机关以及居民委员会、村民委员会等有关组织。人身安全保护令由人民法院执行，公安机关以及居民委员会、村民委员会等应当协助执行。

178. 家庭暴力的加害人会承担什么法律责任

《反家庭暴力法》第十六条规定，家庭暴力情节较轻，依法不给予治安管理处罚的，由公安机关对加害人给予批评教育或者出具告诫书。第三十三条规定，加害人实施家庭暴力，构成违反治安管理行为的，依法给予治安管理处罚；构成犯罪的，依法追究刑事责任。第三十四条规定，被申请人违反人身安全保护令，构成犯罪的，依法追究刑事责任；尚不构成犯罪的，人民法院应当给予训诫，可以根据情节轻重处以 1 千元以下罚款、15 日以下拘留。

《最高人民法院关于办理人身安全保护令案件适用法律若干问题的规定》第十二条规定，被申请人违反人身安全保护令，符合《中华人民共和国刑法》第三百一十三条规定的，以拒不执行判决、裁定罪定罪处罚；同时构成其他犯罪的，依照刑法有关规定处理。

（六）人口与计划生育法

179. 一对夫妻可以生育几个子女

根据《人口与计划生育法》规定，国家提倡适龄婚育、优生优育。一对夫妻可以生育三个子女。符合法律、法规规定条件的，可以要求安排再生育子女。具体办法由省、自治区、直辖市人民代表大会或者其常务委员会规定。少数民族也要实行计划生育，具体办法由省、自治区、直辖市人民代表大会或者其常务委员会规定。夫妻双方户籍所在地的省、自治区、直辖市之间关于再生育子女的规定不一致的，按照有利于当事人的原则适用。

180. 可以设立父母育儿假吗

父母育儿假政策有助于缓解家庭中的育儿压力，让父母有更多的时间和精力投入孩子的成长中，有助于培养孩子的综合素质。《人口与计划生育法》第二十五条规定，符合法律、法规规定生育子女的夫妻，可以获得延长生育假的奖励或者其他福利待遇。国家支持有条件的地方设立父母育儿假。

181. 妇女怀孕、生育和哺乳期间，可以享受特殊劳动保护吗

《人口与计划生育法》第二十六条规定，妇女怀孕、生育和哺乳期

间，按照国家有关规定享受特殊劳动保护并可以获得帮助和补偿。国家保障妇女就业合法权益，为因生育影响就业的妇女提供就业服务。公民实行计划生育手术，享受国家规定的休假。

《人口与计划生育法》第二十七条规定，国家采取财政、税收、保险、教育、住房、就业等支持措施，减轻家庭生育、养育、教育负担。

182. 如何加强婴幼儿照护服务

（1）推动建立普惠托育服务体系。《人口与计划生育法》第二十八条规定，县级以上各级人民政府综合采取规划、土地、住房、财政、金融、人才等措施，推动建立普惠托育服务体系，提高婴幼儿家庭获得服务的可及性和公平性。国家鼓励和引导社会力量兴办托育机构，支持幼儿园和机关、企业事业单位、社区提供托育服务。托育机构的设置和服务应当符合托育服务相关标准和规范。托育机构应当向县级人民政府卫生健康主管部门备案。

（2）在城乡社区设立婴幼儿活动场所及配套服务设施。《人口与计划生育法》第二十九条规定，县级以上地方各级人民政府应当在城乡社区建设改造中，建设与常住人口规模相适应的婴幼儿活动场所及配套服务设施。公共场所和女职工比较多的用人单位应当配置母婴设施，为婴幼儿照护、哺乳提供便利条件。

（3）加强对家庭婴幼儿照护的支持和指导。《人口与计划生育法》第三十条规定，县级以上各级人民政府应当加强对家庭婴幼儿照护的支持和指导，增强家庭的科学育儿能力。医疗卫生机构应当按照规定为婴幼儿家庭开展预防接种、疾病防控等服务，提供膳食营养、生长发育等健康指导。

183. 如何保障女性就业合法权益

《中共中央、国务院关于优化生育政策促进人口长期均衡发展的决定》提出，规范机关、企事业等用人单位招录、招聘行为，促进妇女平等就业。落实好《女职工劳动保护特别规定》，定期开展女职工生育权益保障专项督查。为因生育中断就业的女性提供再就业培训公共服务。将生育友好作为用人单位承担社会责任的重要方面，鼓励用人单位制定有利于职工平衡工作和家庭关系的措施，依法协商确定有利于照顾婴幼儿的灵活休假和弹性工作方式。适时对现行有关休假和工作时间的政策规定进行相应修改完善。

（七）女职工劳动保护特别规定

184. 女职工特殊劳动保护指的是什么

女职工特殊劳动保护，是根据女职工的身体结构、生理机能特点和哺乳子女的需要，对在劳动过程中的女职工所实行的不同于男职工的保护。包括禁止或限制女职工从事某些劳动、女职工"四期"保护等内容。女职工特殊劳动保护是劳动保护的重要组成部分。加强女职工特殊劳动保护，体现了社会公平正义，有利于经济社会发展，有利于发挥广大女职工在全面建成社会主义现代化强国、实现中华民族伟大复兴的中国梦中的积极作用。

185. 《女职工劳动保护特别规定》的主要内容包括哪些方面

《女职工劳动保护特别规定》经 2012 年 4 月 18 日国务院第 200 次常务会议通过，2012 年 4 月 28 日中华人民共和国国务院令第 619 号公布，自公布之日起施行。《女职工劳动保护特别规定》是为维护女职工的合法权益和特殊利益，减少和解决女职工在劳动和工作中因生理特点造成的特殊困难，保护其健康而制定的法规。主要是为了防止生产过程中劳动条件对女职工身体健康造成的影响，防止职业有害因素对女性生理机能的影响，保护女职工能够健康持久地从事生产劳动，育龄女职工能够孕育健康的下一代。

《女职工劳动保护特别规定》的内容主要包括两个方面：一是保护女职工的劳动权利；二是保护女职工在生产劳动中的安全与健康。国标劳工组织的有关资料显示，从广义上讲，女职工劳动保护包括四个方面的内容：一是保护母性，即保护女性机能（如月经、妊娠、分娩、哺乳等）；二是规定女职工的工作时间，孕妇、乳母禁止加班加点及不做夜班；三是禁止女职工从事危险有害作业；四是男女有同等就业机会，同工同酬。

186. 颁布实施《女职工劳动保护特别规定》的重要意义是什么

（1）体现了党和国家关心爱护女职工的一贯政策。1925 年第二次全国劳动大会通过的经济斗争决议案就对女工的劳动保护做出明确规定。新中国成立后，我们党又制定和发布了一系列保护妇女的政策和法令，都对女职工的产假、休息、福利待遇、卫生设施和特殊保护等做出了明确的规定，形成了比较完善的女职工劳动保护法律体系。《女职工劳动保护特别规定》的颁布实施进一步完善了新时期针对女职工劳动保护的法律措施，充分体现了党和国家对女职工权益保障工作的高度重视和与时俱进，体现了坚持民生为重、以人为本的理念。

（2）体现了对女职工和下一代健康的高度重视。女职工在肩负着参与国家社会经济建设重任的同时，还承担着人类繁衍下一代的社会责任。怀孕期间和哺乳期内女职工的活动环境和劳动条件直接影响胎儿的正常发育和婴幼儿的健康成长。女职工怀孕后身体会发生一系列生理变化，如体重增加、新陈代谢加快、心脏负担加大等，如身体过度劳累、精神高度紧张或从事有毒有害作业，则可能造成流产、早产，甚至胎儿畸形、死胎等严重后果。哺乳期母亲的健康对婴儿的发育和健康也至关重要。如果哺乳期女职工从事有毒有害工种，就会造成乳汁含毒并通过授乳进入婴儿体内，影响婴儿的健康成长。因此，加强对女职工的特殊保护，对于保护女职工及其下一代的健康、保证中华民族的整体素质的提高具有重大的现实意义。

（3）有利于保护和调动女职工的积极性。女职工是工人阶级重要组成部分，是推动我国经济社会发展不可或缺的重要力量。做好女职工劳动保护工作有利于保护女职工的劳动能力，调动其积极性、主动性，从而提高劳动生产率。随着我国经济建设的发展，女职工队伍日益壮大，已成为社会主义现代化建设的中坚力量。做好女职工的劳动保护工作，就能够使广大女职工在生产过程中心理、生理机能不受到伤害，保证有健康的身体投入生产工作。从一定意义上讲保护女职工就是保护生产力。《女职工劳动保护特别规定》的颁布实施，有利于保护女职工的平等就业、职业安全和生命健康，对于进一步激发女职工参与经济建设的积极性、主动性和创造性，提高劳动生产率具有积极的促进作用。

（4）有利于构建和谐劳动关系。劳动关系的和谐是社会和谐稳定发展的基础。女职工总数已占到职工总数近50%，女职工劳动关系的稳定影响着整体劳动关系的和谐稳定。贯彻落实《女职工劳动保护特别规定》，促使企事业改善女职工劳动安全卫生条件，既可增强职工对企事业的认同感和归属感，又解除了女职工的后顾之忧，有利于促进劳动关系的和谐与稳定。

187. 女职工在"三期"期间，用人单位能否降低其工资标准

根据《女职工劳动保护特别规定》第五条规定，用人单位不得因女职工怀孕、生育、哺乳降低其工资、予以辞退、与其解除劳动或者聘用合同。由此可知，女职工在结婚、怀孕、产假、哺乳等期间，用人单位不得降低其工资标准。

188. 用人单位在女职工劳动保护方面的基本职责是什么

用人单位应当加强女职工劳动保护，采取措施改善女职工劳动安全卫生条件，对女职工进行劳动安全卫生知识培训。

用人单位应当遵守女职工禁忌从事的劳动范围的规定。用人单位应当将本单位属于女职工禁忌从事的劳动范围的岗位书面告知女职工。

用人单位应当根据妇女的特点，依法保护妇女在工作和劳动时的安全、健康以及休息的权利。

用人单位应当定期为女职工安排妇科疾病、乳腺疾病检查以及妇女特殊需要的其他健康检查。

189. 女职工在"三期"期间，用人单位能否解除、终止劳动合同

《工作场所女职工特殊劳动保护制度》第六条法定，女职工在孕期、产期、哺乳期（指自婴儿出生之日起至满一周岁止）内，除有法律、法规规定的情形外，用人单位不得解除劳动（聘用）合同。劳动（聘用）合同期满而孕期、产期、哺乳期未满的，除女职工本人提出解除、终止劳动（聘用）合同外，劳动（聘用）合同的期限自动延续至孕期、产假、哺乳期期满。

190. 女职工禁忌从事的劳动范围是什么

根据《女职工劳动保护特别规定》规定，女职工禁忌从事的劳动范围包括：

（1）矿山井下作业；
（2）体力劳动强度分级标准中规定的第4级体力劳动强度的作业；
（3）每小时负重6次以上、每次负重超过20公斤的作业，或者间断负重、每次负重超过25公斤的作业。

191. 已婚待孕女职工的保护措施有哪些

根据《女职工保健工作规定》，已婚待孕女职工的保护措施主要有以下几方面。

（1）已婚待孕女职工禁忌从事铅、汞、苯、镉等作业场所属于《有毒作业分级》标准中第Ⅲ-Ⅳ级的作业。

(2) 积极开展优生宣传和咨询。

(3) 对女职工应进行妊娠知识的健康教育，使她们在月经超期时主动接受检查。

(4) 患有射线病、慢性职业中毒、近期内有过急性中毒史及其他有碍于母体和胎儿健康疾病者，暂时不宜妊娠。

(5) 对有过两次以上自然流产史，现又无子女的女职工，应暂时调离有可能直接或间接导致流产的作业岗位。

192. 女职工经期的保护措施有哪些

月经是健康妇女正常的生理现象。月经来潮时，会使女性正常的生理防御能力相对减弱，作业能力有所下降，若不注意保护会引起妇科疾病。因此，做好经期保护很重要。

《女职工劳动保护特别规定》明确了经期保护禁忌从事的劳动范围：

(1) 冷水作业分级标准中规定的第 2 级、第 3 级、第 4 级冷水作业；

(2) 低温作业分级标准中规定的第 2 级、第 3 级、第 4 级低温作业；

(3) 体力劳动强度分级标准中规定的第 3 级、第 4 级体力劳动强度的作业；

(4) 高处作业分级标准中规定的第 3 级、第 4 级高处作业。

根据《女职工保健工作规定》，女职工在经期的保健措施还有以下几方面。

(1) 宣传普及月经期卫生知识。

(2) 女职工在 100 人以上的单位，应逐步建立女职工卫生室，健全相应的制度并设专人管理，对卫生室管理人员应进行专业培训。女职工每班在 100 人以下的单位，应设置简易的温水箱及冲洗器。对流动、分散工作单位的女职工应发放单人自用冲洗器。

（3）患有重度痛经及月经过多的女职工，经医疗或妇幼保健机构确诊后，月经期间可适当给予 1 至 2 天的休假。

193. 女职工孕期的保护措施有哪些

孕期主要指妇女从受孕到产出胎儿的一段时间，通常为 280 天。女职工怀孕后，体内各系统负担过重，作业能力受到一定影响，因此，应对她们的工作进行合理安排，以保证孕妇健康及胎儿的正常发育。孕期保护是指为保障怀孕女职工及其胎儿的安全与健康所采取的保护措施。根据有关劳动法律、法规，女职工孕期的保护措施主要有以下几方面。

（1）女职工在怀孕期间，所在单位不得降低其工资、予以辞退、与其解除劳动或者聘用合同。

（2）女职工在怀孕期间不能适应原劳动的，用人单位应当根据医疗机构的证明，予以减轻劳动量或者安排其他能够适应的劳动。

（3）对怀孕 7 个月以上的女职工，用人单位不得延长劳动时间或者安排夜班劳动，并应当在劳动时间内安排一定的休息时间。

（4）怀孕女职工在劳动时间内进行产前检查，所需时间计入劳动时间。

（5）女职工比较多的用人单位应当根据女职工的需要，建立孕妇休息室。

（6）禁止安排女职工孕期禁忌从事的劳动。

根据《女职工保健工作规定》，女职工孕期的保健措施还有以下几方面。

（1）自确立妊娠之日起，应建立孕产妇保健卡（册），进行血压、体重、血、尿常规等基础检查。对接触铅、汞的孕妇，应进行尿中铅、汞含量的测定。

（2）定期进行产前检查、孕期保健和营养指导。

（3）推广孕妇家庭自我监护，系统观察胎动、胎心、宫底高度及体重等。

（4）实行高危孕妇专案管理，无诊疗条件的单位应及时转院就诊，并配合上级医疗和保健机构严密观察和监护。

（5）女职工较多的单位应建立孕妇休息室。妊娠满 7 个月应给予工间休息或适当减轻工作。

（6）从事立位作业的女职工，妊娠满 7 个月后，其工作场所应设立工间休息座位。

194. 女职工孕期禁忌从事的劳动范围是什么

根据《女职工劳动保护特别规定》，女职工在孕期禁忌从事的劳动范围是：

（1）作业场所空气中铅及其化合物、汞及其化合物、苯、镉、铍、砷、氰化物、氮氧化物、一氧化碳、二硫化碳、氯、己内酰胺、氯丁二烯、氯乙烯、环氧乙烷、苯胺、甲醛等有毒物质浓度超过国家职业卫生标准的作业；

（2）从事抗癌药物、己烯雌酚生产，接触麻醉剂气体等的作业；

（3）非密封源放射性物质的操作，核事故与放射事故的应急处置；

（4）高处作业分级标准中规定的高处作业；

（5）冷水作业分级标准中规定的冷水作业；

（6）低温作业分级标准中规定的低温作业；

（7）高温作业分级标准中规定的第 3 级、第 4 级的作业；

（8）噪声作业分级标准中规定的第 3 级、第 4 级的作业；

（9）体力劳动强度分级标准中规定的第 3 级、第 4 级体力劳动强度的作业；

（10）在密闭空间、高压室作业或者潜水作业，伴有强烈振动的作业，或者需要频繁弯腰、攀高、下蹲的作业。

195. 女职工产期的保护措施有哪些

产期保护，指为保障产期女职工及其婴儿的安全与健康所采取的保护措施，也叫生育期保护。生育分娩是妇女正常的生理过程，但它给产妇精神上和肉体上带来了紧张、劳累和疼痛。妇女怀孕后生理机能所产生的变化需要在产后逐渐恢复到怀孕前的状态，分娩时的体能消耗也需要休息和补充营养。因此，生育期的保护对女职工来说不仅必要而且重要。

根据《女职工劳动保护特别规定》，产期保护主要内容如下。

（1）女职工产期，用人单位不得降低其工资、予以辞退、与其解除劳动或者聘用合同。

（2）女职工生育享受 98 天产假，其中产前可以休假 15 天；难产的，增加产假 15 天；生育多胞胎的，每多生育 1 个婴儿，增加产假 15 天。

（3）女职工产假期间的生育津贴，对已经参加生育保险的，按照用人单位上年度职工月平均工资的标准由生育保险基金支付；对未参加生育保险的，按照女职工产假前工资的标准由用人单位支付。

（4）女职工生育或者流产的医疗费用，按照生育保险规定的项目和标准，对已经参加生育保险的，由生育保险基金支付；对未参加生育保险的，由用人单位支付。

（5）女职工怀孕未满 4 个月流产的，享受 15 天产假；怀孕满 4 个月流产的，享受 42 天产假。

根据《女职工保健工作规定》，产后保健措施主要如下。

（1）进行产后访视及母乳喂养指导。

（2）产后 42 天对母子进行健康检查。

（3）产假期满恢复工作时，应允许有 1 至 2 周时间逐渐恢复原工作量。

196. 对有过两次以上自然流产史的女职工有什么特殊保护措施

根据《工作场所女职工特殊劳动保护制度》规定，对有过两次以上自然流产史，现又无子女的女职工，本单位根据实际情况，在其怀孕期间予以减轻工作量；经女职工申请，暂时调离有可能直接或间接导致流产的工作岗位。

197. 女职工哺乳期的保护措施有哪些

哺乳期保护指对女职工哺乳未满 1 周岁婴儿期间的特殊保护。哺乳期保护直接关系到女职工及其婴儿的身体健康。根据有关劳动法律法规规定，女职工哺乳期保护的措施主要如下。

（1）宣传科学育儿知识，提倡 4 个月内纯母乳喂养。

（2）对有未满 1 周岁婴儿的女工，应保证其授乳时间。根据规定，有不满 1 周岁婴儿的女职工，用人单位应当在每天的劳动时间内为哺乳期女职工安排 1 小时哺乳时间；女职工生育多胞胎的，每多哺乳 1 个婴儿每天增加 1 小时哺乳时间。

（3）婴儿满周岁时，经县（区）以上（含县、区）医疗或保健机构确诊为体弱儿，可适当延长授乳时间，但不得超过 6 个月。

（4）女职工在哺乳期内，所在单位不得安排其从事哺乳期禁忌从事的劳动。

（5）对哺乳未满 1 周岁婴儿的女职工，用人单位不得延长劳动时间或者安排夜班劳动。

（6）有哺乳婴儿的女职工 5 名以上的单位，应逐步建立哺乳室。

（7）不得在女职工哺乳期降低其基本工资，除个人严重过失外，不得解除其劳动合同。

198. 女职工在哺乳期禁忌从事的劳动范围是什么

根据《女职工劳动保护特别规定》，女职工在哺乳期禁忌从事的劳动范围是：

（1）作业场所空气中铅及其化合物、汞及其化合物、苯、镉、铍、砷、氰化物、氮氧化物、一氧化碳、二硫化碳、氯、己内酰胺、氯丁二烯、氯乙烯、环氧乙烷、苯胺、甲醛等有毒物质浓度超过国家职业卫生标准的作业；

（2）非密封源放射性物质的操作，核事故与放射事故的应急处置；

（3）体力劳动强度分级标准中规定的第 3 级、第 4 级体力劳动强度的作业；

（4）作业场所空气中锰、氟、溴、甲醇、有机磷化合物、有机氯化合物等有毒物质浓度超过国家职业卫生标准的作业。

199. 哺乳期可否延长

哺乳期指产后产妇用自己的乳汁来喂养婴儿的时期，就是开始哺乳到停止哺乳的这段时间，一般为 1 年左右。根据《工作场所女职工特殊劳动保护制度》规定，婴儿满周岁后，经医疗机构确诊为体弱儿的，可适当延长授乳时间，但不得超过 6 个月。

200.《女职工劳动保护特别规定》关于女职工劳动保护设施有什么规定

《女职工劳动保护特别规定》规定，女职工比较多的用人单位应当根据女职工的需要，建立女职工卫生室、孕妇休息室、哺乳室等设施，妥善解决女职工在生理卫生、哺乳方面的困难。

201. 女职工更年期保护措施有哪些

根据《女职工保健工作规定》，女职工更年期保护措施主要有以下几方面。

（1）宣传更年期生理卫生知识，使进入更年期的女职工得到社会广泛的关怀。

（2）经县（区）以上（含县、区）的医疗或妇幼保健机构诊断为更年期综合症者，以治疗效果仍不显著，且不适应原工作的，应暂时安排适宜的工作。

（3）进入更年期的女职工应每 1 到 2 年进行一次妇科疾病的查治。

根据《工作场所女职工特殊劳动保护制度》规定，关爱更年期女职工，经医疗机构诊断为严重更年期综合征的，经治疗效果仍不明显，且不适应原工作的，应暂时安排适宜的工作。

202. 女职工的特殊劳动保护权利受到侵害时，可以采取哪些方法维护自己的权益

根据《女职工劳动保护特别规定》第十四条规定，用人单位违反女职工劳动保护特别规定，侵害女职工合法权益的，女职工可以依法投诉、举报、申诉，依法向劳动人事争议调解仲裁机构申请调解仲裁，对仲裁裁决不服的，依法向人民法院提起诉讼。

附 录

1.《中华人民共和国工会法》

《(1992年4月3日第七届全国人民代表大会第五次会议通过　根据2001年10月27日第九届全国人民代表大会常务委员会第二十四次会议《关于修改〈中华人民共和国工会法〉的决定》第一次修正　根据2009年8月27日第十一届全国人民代表大会常务委员会第十次会议《关于修改部分法律的决定》第二次修正　根据2021年12月24日第十三届全国人民代表大会常务委员会第三十二次会议关于修改〈中华人民共和国工会法〉的决定》第三次修正)

目　录

第一章　总则

第二章　工会组织

第三章　工会的权利和义务

第四章　基层工会组织

第五章　工会的经费和财产

第六章　法律责任

第七章　附则

第一章　总　则

第一条　为保障工会在国家政治、经济和社会生活中的地位，确定工会的权利与义务，发挥工会在社会主义现代化建设事业中的作用，根据宪法，制定本法。

第二条　工会是中国共产党领导的职工自愿结合的工人阶级群众组织，是中国共产党联系职工群众的桥梁和纽带。

中华全国总工会及其各工会组织代表职工的利益，依法维护职工的合法权益。

第三条　在中国境内的企业、事业单位、机关、社会组织（以下统称用人单位）中以工资收入为主要生活来源的劳动者，不分民族、种族、性别、职业、宗教信仰、教育程度，都有依法参加和组织工会的权利。任何组织和个人不得阻挠和限制。

工会适应企业组织形式、职工队伍结构、劳动关系、就业形态等方面的发展变化，依法维护劳动者参加和组织工会的权利。

第四条　工会必须遵守和维护宪法，以宪法为根本的活动准则，以经济建设为中心，坚持社会主义道路，坚持人民民主专政，坚持中国共产党的领导，坚持马克思列宁主义、毛泽东思想、邓小平理论、"三个代表"重要思想、科学发展观、习近平新时代中国特色社会主义思想，坚持改革开放，保持和增强政治性、先进性、群众性，依照工会章程独立自主地开展工作。

工会会员全国代表大会制定或者修改《中国工会章程》，章程不得与宪法和法律相抵触。

国家保护工会的合法权益不受侵犯。

第五条　工会组织和教育职工依照宪法和法律的规定行使民主权

利，发挥国家主人翁的作用，通过各种途径和形式，参与管理国家事务、管理经济和文化事业、管理社会事务；协助人民政府开展工作，维护工人阶级领导的、以工农联盟为基础的人民民主专政的社会主义国家政权。

第六条 维护职工合法权益、竭诚服务职工群众是工会的基本职责。工会在维护全国人民总体利益的同时，代表和维护职工的合法权益。

工会通过平等协商和集体合同制度等，推动健全劳动关系协调机制，维护职工劳动权益，构建和谐劳动关系。

工会依照法律规定通过职工代表大会或者其他形式，组织职工参与本单位的民主选举、民主协商、民主决策、民主管理和民主监督。

工会建立联系广泛、服务职工的工会工作体系，密切联系职工，听取和反映职工的意见和要求，关心职工的生活，帮助职工解决困难，全心全意为职工服务。

第七条 工会动员和组织职工积极参加经济建设，努力完成生产任务和工作任务。教育职工不断提高思想道德、技术业务和科学文化素质，建设有理想、有道德、有文化、有纪律的职工队伍。

第八条 工会推动产业工人队伍建设改革，提高产业工人队伍整体素质，发挥产业工人骨干作用，维护产业工人合法权益，保障产业工人主人翁地位，造就一支有理想守信念、懂技术会创新、敢担当讲奉献的宏大产业工人队伍。

第九条 中华全国总工会根据独立、平等、互相尊重、互不干涉内部事务的原则，加强同各国工会组织的友好合作关系。

第二章　工会组织

第十条 工会各级组织按照民主集中制原则建立。

各级工会委员会由会员大会或者会员代表大会民主选举产生。企业主要负责人的近亲属不得作为本企业基层工会委员会成员的人选。

各级工会委员会向同级会员大会或者会员代表大会负责并报告工作，接受其监督。

工会会员大会或者会员代表大会有权撤换或者罢免其所选举的代表或者工会委员会组成人员。

上级工会组织领导下级工会组织。

第十一条 用人单位有会员二十五人以上的，应当建立基层工会委员会；不足二十五人的，可以单独建立基层工会委员会，也可以由两个以上单位的会员联合建立基层工会委员会，也可以选举组织员一人，组织会员开展活动。女职工人数较多的，可以建立工会女职工委员会，在同级工会领导下开展工作；女职工人数较少的，可以在工会委员会中设女职工委员。

企业职工较多的乡镇、城市街道，可以建立基层工会的联合会。

县级以上地方建立地方各级总工会。

同一行业或者性质相近的几个行业，可以根据需要建立全国的或者地方的产业工会。

全国建立统一的中华全国总工会。

第十二条 基层工会、地方各级总工会、全国或者地方产业工会组织的建立，必须报上一级工会批准。

上级工会可以派员帮助和指导企业职工组建工会，任何单位和个人不得阻挠。

第十三条 任何组织和个人不得随意撤销、合并工会组织。

基层工会所在的用人单位终止或者被撤销，该工会组织相应撤销，并报告上一级工会。

依前款规定被撤销的工会，其会员的会籍可以继续保留，具体管理办法由中华全国总工会制定。

第十四条 职工二百人以上的企业、事业单位、社会组织的工会，可以设专职工会主席。工会专职工作人员的人数由工会与企业、事业单位、社会组织协商确定。

第十五条 中华全国总工会、地方总工会、产业工会具有社会团体法人资格。

基层工会组织具备民法典规定的法人条件的，依法取得社会团体法人资格。

第十六条 基层工会委员会每届任期三年或者五年。各级地方总工会委员会和产业工会委员会每届任期五年。

第十七条 基层工会委员会定期召开会员大会或者会员代表大会，讨论决定工会工作的重大问题。经基层工会委员会或者三分之一以上的工会会员提议，可以临时召开会员大会或者会员代表大会。

第十八条 工会主席、副主席任期未满时，不得随意调动其工作。因工作需要调动时，应当征得本级工会委员会和上一级工会的同意。

罢免工会主席、副主席必须召开会员大会或者会员代表大会讨论，非经会员大会全体会员或者会员代表大会全体代表过半数通过，不得罢免。

第十九条 基层工会专职主席、副主席或者委员自任职之日起，其劳动合同期限自动延长，延长期限相当于其任职期间；非专职主席、副主席或者委员自任职之日起，其尚未履行的劳动合同期限短于任期的，劳动合同期限自动延长至任期期满。但是，任职期间个人严重过失或者达到法定退休年龄的除外。

第三章 工会的权利和义务

第二十条 企业、事业单位、社会组织违反职工代表大会制度和其他民主管理制度，工会有权要求纠正，保障职工依法行使民主管理的权利。

法律、法规规定应当提交职工大会或者职工代表大会审议、通过、决定的事项，企业、事业单位、社会组织应当依法办理。

第二十一条　工会帮助、指导职工与企业、实行企业化管理的事业单位、社会组织签订劳动合同。

工会代表职工与企业、实行企业化管理的事业单位、社会组织进行平等协商，依法签订集体合同。集体合同草案应当提交职工代表大会或者全体职工讨论通过。

工会签订集体合同，上级工会应当给予支持和帮助。

企业、事业单位、社会组织违反集体合同，侵犯职工劳动权益的，工会可以依法要求企业、事业单位、社会组织予以改正并承担责任；因履行集体合同发生争议，经协商解决不成的，工会可以向劳动争议仲裁机构提请仲裁，仲裁机构不予受理或者对仲裁裁决不服的，可以向人民法院提起诉讼。

第二十二条　企业、事业单位、社会组织处分职工，工会认为不适当的，有权提出意见。

用人单位单方面解除职工劳动合同时，应当事先将理由通知工会，工会认为用人单位违反法律、法规和有关合同，要求重新研究处理时，用人单位应当研究工会的意见，并将处理结果书面通知工会。

职工认为用人单位侵犯其劳动权益而申请劳动争议仲裁或者向人民法院提起诉讼的，工会应当给予支持和帮助。

第二十三条　企业、事业单位、社会组织违反劳动法律法规规定，有下列侵犯职工劳动权益情形，工会应当代表职工与企业、事业单位、社会组织交涉，要求企业、事业单位、社会组织采取措施予以改正；企业、事业单位、社会组织应当予以研究处理，并向工会作出答复；企业、事业单位、社会组织拒不改正的，工会可以提请当地人民政府依法作出处理：

（一）克扣、拖欠职工工资的；

（二）不提供劳动安全卫生条件的；

（三）随意延长劳动时间的；

（四）侵犯女职工和未成年工特殊权益的；

（五）其他严重侵犯职工劳动权益的。

第二十四条 工会依照国家规定对新建、扩建企业和技术改造工程中的劳动条件和安全卫生设施与主体工程同时设计、同时施工、同时投产使用进行监督。对工会提出的意见，企业或者主管部门应当认真处理，并将处理结果书面通知工会。

第二十五条 工会发现企业违章指挥、强令工人冒险作业，或者生产过程中发现明显重大事故隐患和职业危害，有权提出解决的建议，企业应当及时研究答复；发现危及职工生命安全的情况时，工会有权向企业建议组织职工撤离危险现场，企业必须及时作出处理决定。

第二十六条 工会有权对企业、事业单位、社会组织侵犯职工合法权益的问题进行调查，有关单位应当予以协助。

第二十七条 职工因工伤亡事故和其他严重危害职工健康问题的调查处理，必须有工会参加。工会应当向有关部门提出处理意见，并有权要求追究直接负责的主管人员和有关责任人员的责任。对工会提出的意见，应当及时研究，给予答复。

第二十八条 企业、事业单位、社会组织发生停工、怠工事件，工会应当代表职工同企业、事业单位、社会组织或者有关方面协商，反映职工的意见和要求并提出解决意见。对于职工的合理要求，企业、事业单位、社会组织应当予以解决。工会协助企业、事业单位、社会组织做好工作，尽快恢复生产、工作秩序。

第二十九条 工会参加企业的劳动争议调解工作。

地方劳动争议仲裁组织应当有同级工会代表参加。

第三十条 县级以上各级总工会依法为所属工会和职工提供法律援助等法律服务。

第三十一条 工会协助用人单位办好职工集体福利事业，做好工资、劳动安全卫生和社会保险工作。

第三十二条 工会会同用人单位加强对职工的思想政治引领，教育职工以国家主人翁态度对待劳动，爱护国家和单位的财产；组织职工开展群众性的合理化建议、技术革新、劳动和技能竞赛活动，进行业余文化技术学习和职工培训，参加职业教育和文化体育活动，推进职业安全健康教育和劳动保护工作。

第三十三条 根据政府委托，工会与有关部门共同做好劳动模范和先进生产（工作）者的评选、表彰、培养和管理工作。

第三十四条 国家机关在组织起草或者修改直接涉及职工切身利益的法律、法规、规章时，应当听取工会意见。

县级以上各级人民政府制定国民经济和社会发展计划，对涉及职工利益的重大问题，应当听取同级工会的意见。

县级以上各级人民政府及其有关部门研究制定劳动就业、工资、劳动安全卫生、社会保险等涉及职工切身利益的政策、措施时，应当吸收同级工会参加研究，听取工会意见。

第三十五条 县级以上地方各级人民政府可以召开会议或者采取适当方式，向同级工会通报政府的重要的工作部署和与工会工作有关的行政措施，研究解决工会反映的职工群众的意见和要求。

各级人民政府劳动行政部门应当会同同级工会和企业方面代表，建立劳动关系三方协商机制，共同研究解决劳动关系方面的重大问题。

第四章　基层工会组织

第三十六条　国有企业职工代表大会是企业实行民主管理的基本形式，是职工行使民主管理权力的机构，依照法律规定行使职权。

国有企业的工会委员会是职工代表大会的工作机构，负责职工代表大会的日常工作，检查、督促职工代表大会决议的执行。

第三十七条　集体企业的工会委员会，应当支持和组织职工参加民主管理和民主监督，维护职工选举和罢免管理人员、决定经营管理的重大问题的权力。

第三十八条　本法第三十六条、第三十七条规定以外的其他企业、事业单位的工会委员会，依照法律规定组织职工采取与企业、事业单位相适应的形式，参与企业、事业单位民主管理。

第三十九条　企业、事业单位、社会组织研究经营管理和发展的重大问题应当听取工会的意见；召开会议讨论有关工资、福利、劳动安全卫生、工作时间、休息休假、女职工保护和社会保险等涉及职工切身利益的问题，必须有工会代表参加。

企业、事业单位、社会组织应当支持工会依法开展工作，工会应当支持企业、事业单位、社会组织依法行使经营管理权。

第四十条　公司的董事会、监事会中职工代表的产生，依照公司法有关规定执行。

第四十一条　基层工会委员会召开会议或者组织职工活动，应当在生产或者工作时间以外进行，需要占用生产或者工作时间的，应当事先征得企业、事业单位、社会组织的同意。

基层工会的非专职委员占用生产或者工作时间参加会议或者从事工会工作，每月不超过三个工作日，其工资照发，其他待遇不受影响。

第四十二条 用人单位工会委员会的专职工作人员的工资、奖励、补贴，由所在单位支付。社会保险和其他福利待遇等，享受本单位职工同等待遇。

第五章 工会的经费和财产

第四十三条 工会经费的来源：

（一）工会会员缴纳的会费；

（二）建立工会组织的用人单位按每月全部职工工资总额的百分之二向工会拨缴的经费；

（三）工会所属的企业、事业单位上缴的收入；

（四）人民政府的补助；

（五）其他收入。

前款第二项规定的企业、事业单位、社会组织拨缴的经费在税前列支。

工会经费主要用于为职工服务和工会活动。经费使用的具体办法由中华全国总工会制定。

第四十四条 企业、事业单位、社会组织无正当理由拖延或者拒不拨缴工会经费，基层工会或者上级工会可以向当地人民法院申请支付令；拒不执行支付令的，工会可以依法申请人民法院强制执行。

第四十五条 工会应当根据经费独立原则，建立预算、决算和经费审查监督制度。

各级工会建立经费审查委员会。

各级工会经费收支情况应当由同级工会经费审查委员会审查，并且定期向会员大会或者会员代表大会报告，接受监督。工会会员大会或者会员代表大会有权对经费使用情况提出意见。

工会经费的使用应当依法接受国家的监督。

第四十六条 各级人民政府和用人单位应当为工会办公和开展活动，提供必要的设施和活动场所等物质条件。

第四十七条 工会的财产、经费和国家拨给工会使用的不动产，任何组织和个人不得侵占、挪用和任意调拨。

第四十八条 工会所属的为职工服务的企业、事业单位，其隶属关系不得随意改变。

第四十九条 县级以上各级工会的离休、退休人员的待遇，与国家机关工作人员同等对待。

第六章　法律责任

第五十条 工会对违反本法规定侵犯其合法权益的，有权提请人民政府或者有关部门予以处理，或者向人民法院提起诉讼。

第五十一条 违反本法第三条、第十二条规定，阻挠职工依法参加和组织工会或者阻挠上级工会帮助、指导职工筹建工会的，由劳动行政部门责令其改正；拒不改正的，由劳动行政部门提请县级以上人民政府处理；以暴力、威胁等手段阻挠造成严重后果，构成犯罪的，依法追究刑事责任。

第五十二条 违反本法规定，对依法履行职责的工会工作人员无正当理由调动工作岗位，进行打击报复的，由劳动行政部门责令改正、恢复原工作；造成损失的，给予赔偿。

对依法履行职责的工会工作人员进行侮辱、诽谤或者进行人身伤害，构成犯罪的，依法追究刑事责任；尚未构成犯罪的，由公安机关依照治安管理处罚法的规定处罚。

第五十三条 违反本法规定，有下列情形之一的，由劳动行政部门责令恢复其工作，并补发被解除劳动合同期间应得的报酬，或者责令给予本人年收入二倍的赔偿：

（一）职工因参加工会活动而被解除劳动合同的；

（二）工会工作人员因履行本法规定的职责而被解除劳动合同的。

第五十四条　违反本法规定，有下列情形之一的，由县级以上人民政府责令改正，依法处理：

（一）妨碍工会组织职工通过职工代表大会和其他形式依法行使民主权利的；

（二）非法撤销、合并工会组织的；

（三）妨碍工会参加职工因工伤亡事故以及其他侵犯职工合法权益问题的调查处理的；

（四）无正当理由拒绝进行平等协商的。

第五十五条　违反本法第四十七条规定，侵占工会经费和财产拒不返还的，工会可以向人民法院提起诉讼，要求返还，并赔偿损失。

第五十六条　工会工作人员违反本法规定，损害职工或者工会权益的，由同级工会或者上级工会责令改正，或者予以处分；情节严重的，依照《中国工会章程》予以罢免；造成损失的，应当承担赔偿责任；构成犯罪的，依法追究刑事责任。

第七章　附　则

第五十七条　中华全国总工会会同有关国家机关制定机关工会实施本法的具体办法。

第五十八条　本法自公布之日起施行。1950 年 6 月 29 日中央人民政府颁布的《中华人民共和国工会法》同时废止。

2. 《中国工会章程》

(中国工会第十八次全国代表大会部分修改,二〇二三年十月十二日通过)

总　则

中国工会是中国共产党领导的职工自愿结合的工人阶级群众组织,是党联系职工群众的桥梁和纽带,是国家政权的重要社会支柱,是会员和职工利益的代表。

中国工会以宪法为根本活动准则,按照《中华人民共和国工会法》和本章程独立自主地开展工作,依法行使权利和履行义务。

工人阶级是我国的领导阶级,是先进生产力和生产关系的代表,是中国共产党最坚实最可靠的阶级基础,是改革开放和社会主义现代化建设的主力军,是维护社会安定的强大而集中的社会力量。中国工会高举中国特色社会主义伟大旗帜,坚持马克思列宁主义、毛泽东思想、邓小平理论、"三个代表"重要思想、科学发展观,全面贯彻习近平新时代中国特色社会主义思想,贯彻执行党的以经济建设为中心,坚持四项基本原则,坚持改革开放的基本路线,保持和增强政治性、先进性、群众性,坚定不移地走中国特色社会主义工会发展道路,推动党的全心全意依靠工人阶级的根本指导方针的贯彻落实,全面履行工会的社会职能,在维护全国人民总体利益的同时,更好地表达和维护职工的具体利益,团结和动员全国职工自力更生、艰苦创业,坚持和发展中国特色社会主义，为全面建成社会主义现代化强国、实现第二个百年奋斗目标，以中国式现代化全面推进中华民族伟大复兴而奋斗。

中国工会坚持自觉接受中国共产党的领导，承担团结引导职工群众听党话、跟党走的政治责任，巩固和扩大党执政的阶级基础和群众基础。

中国工会的基本职责是维护职工合法权益、竭诚服务职工群众。

中国工会按照中国特色社会主义事业"五位一体"总体布局和"四个全面"战略布局，贯彻创新、协调、绿色、开放、共享的新发展理念，把握为实现中华民族伟大复兴的中国梦而奋斗的工人运动时代主题，弘扬劳模精神、劳动精神、工匠精神，动员和组织职工积极参加建设和改革，努力促进经济、政治、文化、社会和生态文明建设；发展全过程人民民主，代表和组织职工参与管理国家事务、管理经济和文化事业、管理社会事务，参与企业、事业单位、机关、社会组织的民主管理；教育职工践行社会主义核心价值观，不断提高思想道德素质、科学文化素质和技术技能素质，建设有理想、有道德、有文化、有纪律的职工队伍，不断发展工人阶级先进性。

中国工会以忠诚党的事业、竭诚服务职工为己任，坚持组织起来、切实维权的工作方针，坚持以职工为本、主动依法科学维权的维权观，促进完善社会主义劳动法律，维护职工的经济、政治、文化和社会权利，参与协调劳动关系和社会利益关系，推动构建和谐劳动关系，促进经济高质量发展和社会的长期稳定，维护工人阶级和工会组织的团结统一，为构建社会主义和谐社会作贡献。

中国工会维护工人阶级领导的、以工农联盟为基础的人民民主专政的社会主义国家政权，协助人民政府开展工作，依法发挥民主参与和社会监督作用。

中国工会推动产业工人队伍建设改革，强化产业工人思想政治引领，提高产业工人队伍整体素质，发挥产业工人骨干作用，维护产业工人合法权益，保障产业工人主人翁地位，造就一支有理想守信念、懂技术会创新、敢担当讲奉献的宏大产业工人队伍。

中国工会在企业、事业单位、社会组织中，按照促进企事业和社会组织发展、维护职工权益的原则，支持行政依法行使管理权力，组织职工参与本单位民主选举、民主协商、民主决策、民主管理和民主监督，与行政方面建立协商制度，保障职工的合法权益，调动职工的积极性，促进企业、事业单位、社会组织的发展。

中国工会实行产业和地方相结合的组织领导原则，坚持民主集中制。

中国工会坚持以改革创新精神加强自身建设，健全联系广泛、服务职工的工作体系，增强团结教育、维护权益、服务职工的功能，坚持群众化、民主化，保持同会员群众的密切联系，依靠会员群众开展工会工作。各级工会领导机关坚持把工作重点放到基层，着力扩大覆盖面、增强代表性，着力强化服务意识、提高维权能力，着力加强队伍建设、提升保障水平，坚持服务职工群众的工作生命线，全心全意为基层、为职工服务，构建智慧工会，增强基层工会的吸引力凝聚力战斗力，把工会组织建设得更加充满活力、更加坚强有力，成为深受职工群众信赖的学习型、服务型、创新型"职工之家"。

工会兴办的企业、事业单位，坚持公益性、服务性，坚持为改革开放和发展社会生产力服务，为职工群众服务，为推进工运事业服务。

中国工会努力巩固和发展工农联盟，坚持最广泛的爱国统一战线，加强包括香港特别行政区同胞、澳门特别行政区同胞、台湾同胞和海外侨胞在内的全国各族人民的大团结，促进祖国的统一、繁荣和富强。

中国工会在国际事务中坚持独立自主、互相尊重、求同存异、加强合作、增进友谊的方针，在独立、平等、互相尊重、互不干涉内部事务的原则基础上，广泛建立和发展同国际和各国工会组织的友好关系，积极参与"一带一路"建设，增进我国工人阶级同各国工人阶级的友谊，同全世界工人和工会一起，在推动构建人类命运共同体中发挥作用，为世界的和平、发展、合作、工人权益和社会进步而共同努力。

中国工会深入学习贯彻习近平总书记关于党的建设的重要思想，落实新时代党的建设总要求，贯彻全面从严治党战略方针，以党的政治建设为统领，加强党的建设，深刻领悟"两个确立"的决定性意义，增强"四个意识"、坚定"四个自信"、做到"两个维护"，在思想上政治上行动上同以习近平同志为核心的党中央保持高度一致。

第一章　会　员

第一条　凡在中国境内的企业、事业单位、机关、社会组织中，以工资收入为主要生活来源或者与用人单位建立劳动关系的劳动者，不分民族、种族、性别、职业、宗教信仰、教育程度，承认工会章程，都可以加入工会为会员。

工会适应企业组织形式、职工队伍结构、劳动关系、就业形态等方面的发展变化，依法维护劳动者参加和组织工会的权利。

第二条　职工加入工会，由本人自愿申请，经基层工会委员会批准并发给会员证。

第三条　会员享有以下权利：

（一）选举权、被选举权和表决权。

（二）对工会工作进行监督，提出意见和建议，要求撤换或者罢免不称职的工会工作人员。

（三）对国家和社会生活问题及本单位工作提出批评与建议，要求工会组织向有关方面如实反映。

（四）在合法权益受到侵犯时，要求工会给予保护。

（五）工会提供的文化、教育、体育、旅游、疗休养、互助保障、生活救助、法律服务、就业服务等优惠待遇；工会给予的各种奖励。

（六）在工会会议和工会媒体上，参加关于工会工作和职工关心问题的讨论。

第四条 会员履行下列义务：

（一）认真学习贯彻习近平新时代中国特色社会主义思想，学习政治、经济、文化、法律、科技和工会基本知识等。

（二）积极参加民主管理，努力完成生产和工作任务，立足本职岗位建功立业。

（三）遵守宪法和法律，践行社会主义核心价值观，弘扬中华民族传统美德，恪守社会公德、职业道德、家庭美德、个人品德，遵守劳动纪律。

（四）正确处理国家、集体、个人三者利益关系，向危害国家、社会利益的行为作斗争。

（五）维护中国工人阶级和工会组织的团结统一，发扬阶级友爱，搞好互助互济。

（六）遵守工会章程，执行工会决议，参加工会活动，按月交纳会费。

第五条 会员组织关系随劳动（工作）关系变动，凭会员证明接转。

第六条 会员有退会自由。会员退会由本人向工会小组提出，由基层工会委员会宣布其退会并收回会员证。

会员没有正当理由连续六个月不交纳会费、不参加工会组织生活，经教育拒不改正，应当视为自动退会。

第七条 对不执行工会决议、违反工会章程的会员，给予批评教育。对严重违法犯罪并受到刑事处罚的会员，开除会籍。开除会员会籍，须经工会小组讨论，提出意见，由基层工会委员会决定，报上一级工会备案。

第八条 会员离休、退休和失业，可保留会籍。保留会籍期间免交会费。

工会组织要关心离休、退休和失业会员的生活，积极向有关方面反映他们的愿望和要求。

第二章 组织制度

第九条 中国工会实行民主集中制，主要内容是：

（一）个人服从组织，少数服从多数，下级组织服从上级组织。

（二）工会的各级领导机关，除它们派出的代表机关外，都由民主选举产生。

（三）工会的最高领导机关，是工会的全国代表大会和它所产生的中华全国总工会执行委员会。工会的地方各级领导机关，是工会的地方各级代表大会和它所产生的总工会委员会。

（四）工会各级委员会，向同级会员大会或者会员代表大会负责并报告工作，接受会员监督。会员大会和会员代表大会有权撤换或者罢免其所选举的代表和工会委员会组成人员。

（五）工会各级委员会，实行集体领导和分工负责相结合的制度。凡属重大问题由委员会民主讨论，作出决定，委员会成员根据集体的决定和分工，履行自己的职责。

（六）工会各级领导机关，加强对下级组织的领导和服务，经常向下级组织通报情况，听取下级组织和会员的意见，研究和解决他们提出的问题。下级组织应及时向上级组织请示报告工作。

第十条 工会各级代表大会的代表和委员会的产生，要充分体现选举人的意志。候选人名单，要反复酝酿，充分讨论。选举采用无记名投票方式，可以直接采用候选人数多于应选人数的差额选举办法进行正式选举，也可以先采用差额选举办法进行预选，产生候选人名单，然后进行正式选举。任何组织和个人，不得以任何方式强迫选举人选举或不选举某个人。

第十一条 中国工会实行产业和地方相结合的组织领导原则。同一企业、事业单位、机关、社会组织中的会员，组织在一个基层工会组织中；同一行业或者性质相近的几个行业，根据需要建立全国的或者地方的产业工会组织。除少数行政管理体制实行垂直管理的产业，其产业工会实行产业工会和地方工会双重领导，以产业工会领导为主外，其他产业工会均实行以地方工会领导为主，同时接受上级产业工会领导的体制。各产业工会的领导体制，由中华全国总工会确定。

省、自治区、直辖市，设区的市和自治州，县（旗）、自治县、不设区的市建立地方总工会。地方总工会是当地地方工会组织和产业工会地方组织的领导机关。全国建立统一的中华全国总工会。中华全国总工会是各级地方总工会和各产业工会全国组织的领导机关。

中华全国总工会执行委员会委员和产业工会全国委员会委员实行替补制，各级地方总工会委员会委员和地方产业工会委员会委员，也可以实行替补制。

第十二条 县和县以上各级地方总工会委员会，根据工作需要可以派出代表机关。

县和县以上各级工会委员会，在两次代表大会之间，认为有必要时，可以召集代表会议，讨论和决定需要及时解决的重大问题。代表会议代表的名额和产生办法，由召集代表会议的总工会决定。

全国产业工会、各级地方产业工会、乡镇工会、城市街道工会和区域性、行业性工会联合会的委员会，可以按照联合制、代表制原则，由下一级工会组织民主选举的主要负责人和适当比例的有关方面代表组成。

上级工会可以派员帮助和指导用人单位的职工组建工会。

第十三条　各级工会代表大会选举产生同级经费审查委员会。中华全国总工会经费审查委员会设常务委员会，省、自治区、直辖市总工会经费审查委员会和独立管理经费的全国产业工会经费审查委员会，应当设常务委员会。经费审查委员会负责审查同级工会组织及其直属企业、事业单位的经费收支和资产管理情况，监督财经法纪的贯彻执行和工会经费的使用，并接受上级工会经费审查委员会的指导和监督。工会经费审查委员会向同级会员大会或会员代表大会负责并报告工作；在大会闭会期间，向同级工会委员会负责并报告工作。

上级经费审查委员会应当对下一级工会及其直属企业、事业单位的经费收支和资产管理情况进行审查。

中华全国总工会经费审查委员会委员实行替补制，各级地方总工会经费审查委员会委员和独立管理经费的产业工会经费审查委员会委员，也可以实行替补制。

第十四条　各级工会建立女职工委员会，表达和维护女职工的合法权益。女职工委员会由同级工会委员会提名，在充分协商的基础上组成或者选举产生，女职工委员会与工会委员会同时建立，在同级工会委员会领导下开展工作。企业工会女职工委员会是县或者县以上妇联的团体会员，通过县以上地方工会接受妇联的业务指导。

第十五条　县和县以上各级工会组织应当建立法律服务机构，为保护职工和工会组织的合法权益提供服务。

各级工会组织应当组织和代表职工开展劳动法律监督。

第十六条　成立或者撤销工会组织，必须经会员大会或者会员代表大会通过，并报上一级工会批准。基层工会组织所在的企业终止，或者所在的事业单位、机关、社会组织被撤销，该工会组织相应撤销，并报上级工会备案。其他组织和个人不得随意撤销工会组织，也不得把工会组织的机构撤销、合并或者归属其他工作部门。

第三章　全国组织

第十七条　中国工会全国代表大会，每五年举行一次，由中华全国总工会执行委员会召集。在特殊情况下，由中华全国总工会执行委员会主席团提议，经执行委员会全体会议通过，可以提前或者延期举行。代表名额和代表选举办法由中华全国总工会决定。

第十八条　中国工会全国代表大会的职权是：

（一）审议和批准中华全国总工会执行委员会的工作报告。

（二）审议和批准中华全国总工会执行委员会的经费收支情况报告和经费审查委员会的工作报告。

（三）修改中国工会章程。

（四）选举中华全国总工会执行委员会和经费审查委员会。

第十九条　中华全国总工会执行委员会，在全国代表大会闭会期间，负责贯彻执行全国代表大会的决议，领导全国工会工作。

执行委员会全体会议选举主席一人、副主席若干人、主席团委员若干人，组成主席团。

执行委员会全体会议由主席团召集，每年至少举行一次。

第二十条　中华全国总工会执行委员会全体会议闭会期间，由主席团行使执行委员会的职权。主席团全体会议，由主席召集。

主席团闭会期间，由主席、副主席组成的主席会议行使主席团职权。主席会议由中华全国总工会主席召集并主持。

主席团下设书记处，由主席团在主席团成员中推选第一书记一人，书记若干人组成。书记处在主席团领导下，主持中华全国总工会的日常工作。

第二十一条 产业工会全国组织的设置，由中华全国总工会根据需要确定。

产业工会全国委员会的建立，经中华全国总工会批准，可以按照联合制、代表制原则组成，也可以由产业工会全国代表大会选举产生。全国委员会每届任期五年。任期届满，应当如期召开会议，进行换届选举。在特殊情况下，经中华全国总工会批准，可以提前或者延期举行。

产业工会全国代表大会和按照联合制、代表制原则组成的产业工会全国委员会全体会议的职权是：审议和批准产业工会全国委员会的工作报告；选举产业工会全国委员会或者产业工会全国委员会常务委员会。独立管理经费的产业工会，选举经费审查委员会，并向产业工会全国代表大会或者委员会全体会议报告工作。产业工会全国委员会常务委员会由主席一人、副主席若干人、常务委员若干人组成。

第四章　地方组织

第二十二条 省、自治区、直辖市，设区的市和自治州，县（旗）、自治县、不设区的市的工会代表大会，由同级总工会委员会召集，每五年举行一次。在特殊情况下，由同级总工会委员会提议，经上一级工会批准，可以提前或者延期举行。工会的地方各级代表大会的职权是：

（一）审议和批准同级总工会委员会的工作报告。

（二）审议和批准同级总工会委员会的经费收支情况报告和经费审查委员会的工作报告。

（三）选举同级总工会委员会和经费审查委员会。

各级地方总工会委员会，在代表大会闭会期间，执行上级工会的决定和同级工会代表大会的决议，领导本地区的工会工作，定期向上级总工会委员会报告工作。

根据工作需要，省、自治区总工会可在地区设派出代表机关。直辖市和设区的市总工会在区一级建立总工会。

县和城市的区可在乡镇和街道建立乡镇工会和街道工会组织，具备条件的，建立总工会。

第二十三条 各级地方总工会委员会选举主席一人、副主席若干人、常务委员若干人，组成常务委员会。工会委员会、常务委员会和主席、副主席以及经费审查委员会的选举结果，报上一级总工会批准。

各级地方总工会委员会全体会议，每年至少举行一次，由常务委员会召集。各级地方总工会常务委员会，在委员会全体会议闭会期间，行使委员会的职权。

第二十四条 各级地方产业工会组织的设置，由同级地方总工会根据本地区的实际情况确定。

第五章 基层组织

第二十五条 企业、事业单位、机关、社会组织等基层单位，应当依法建立工会组织。社区和行政村可以建立工会组织。从实际出发，建立区域性、行业性工会联合会，推进新经济组织、新社会组织工会组织建设。

有会员二十五人以上的，应当成立基层工会委员会；不足二十五人的，可以单独建立基层工会委员会，也可以由两个以上单位的会员联合建立基层工会委员会，也可以选举组织员或者工会主席一人，主持基层工会工作。基层工会委员会有女会员十人以上的建立女职工委员会，不足十人的设女职工委员。

职工二百人以上企业、事业单位、社会组织的工会设专职工会主席。工会专职工作人员的人数由工会与企业、事业单位、社会组织协商确定。

基层工会组织具备民法典规定的法人条件的，依法取得社会团体法人资格，工会主席为法定代表人。

第二十六条 基层工会会员大会或者会员代表大会，每年至少召开一次。经基层工会委员会或者三分之一以上的工会会员提议，可以临时召开会员大会或者会员代表大会。工会会员在一百人以下的基层工会应当召开会员大会。

工会会员大会或者会员代表大会的职权是：

（一）审议和批准基层工会委员会的工作报告。

（二）审议和批准基层工会委员会的经费收支情况报告和经费审查委员会的工作报告。

（三）选举基层工会委员会和经费审查委员会。

（四）撤换或者罢免其所选举的代表或者工会委员会组成人员。

（五）讨论决定工会工作的重大问题。

基层工会委员会和经费审查委员会每届任期三年或者五年，具体任期由会员大会或者会员代表大会决定。任期届满，应当如期召开会议，进行换届选举。在特殊情况下，经上一级工会批准，可以提前或者延期举行。

会员代表大会的代表实行常任制，任期与本单位工会委员会相同。

第二十七条 基层工会委员会的委员，应当在会员或者会员代表充分酝酿协商的基础上选举产生；主席、副主席，可以由会员大会或者会员代表大会直接选举产生，也可以由基层工会委员会选举产生。大型企业、事业单位的工会委员会，根据工作需要，经上级工会委员会批准，可以设立常务委员会。基层工会委员会、常务委员会和主席、副主席以及经费审查委员会的选举结果，报上一级工会批准。

第二十八条 基层工会委员会的基本任务是：

（一）执行会员大会或者会员代表大会的决议和上级工会的决定，主持基层工会的日常工作。

（二）代表和组织职工依照法律规定，通过职工代表大会、厂务公开和其他形式，参与本单位民主选举、民主协商、民主决策、民主管理和民主监督，保障职工知情权、参与权、表达权和监督权，在公司制企业落实职工董事、职工监事制度。企业、事业单位工会委员会是职工代表大会工作机构，负责职工代表大会的日常工作，检查、督促职工代表大会决议的执行。

（三）参与协调劳动关系和调解劳动争议，与企业、事业单位、社会组织行政方面建立协商制度，协商解决涉及职工切身利益问题。帮助和指导职工与企业、事业单位、社会组织行政方面签订和履行劳动合同，代表职工与企业、事业单位、社会组织行政方面签订集体合同或者其他专项协议，并监督执行。

（四）组织职工开展劳动和技能竞赛、合理化建议、技能培训、技术革新和技术协作等活动，培育工匠、高技能人才，总结推广先进经验。做好劳动模范和先进生产（工作）者的评选、表彰、培养和管理服务工作。

（五）加强对职工的政治引领和思想教育，开展法治宣传教育，重视人文关怀和心理疏导，鼓励支持职工学习文化科学技术和管理知识，开展健康的文化体育活动。推进企业文化职工文化建设，办好工会文化、教育、体育事业。

（六）监督有关法律、法规的贯彻执行。协助和督促行政方面做好工资、安全生产、职业病防治和社会保险等方面的工作，推动落实职工福利待遇。办好职工集体福利事业，改善职工生活，对困难职工开展帮扶。依法参与生产安全事故和职业病危害事故的调查处理。

（七）维护女职工的特殊权益，同歧视、虐待、摧残、迫害女职工的现象作斗争。

（八）搞好工会组织建设，健全民主制度和民主生活。建立和发展工会积极分子队伍。做好会员的发展、接收、教育和会籍管理工作。加强职工之家建设。

（九）收好、管好、用好工会经费，管理好工会资产和工会的企业、事业。

第二十九条　教育、科研、文化、卫生、体育等事业单位和机关工会，从脑力劳动者比较集中的特点出发开展工作，积极了解和关心职工的思想、工作和生活，推动党的知识分子政策的贯彻落实。组织职工搞好本单位的民主选举、民主协商、民主决策、民主管理和民主监督，为发挥职工的聪明才智创造良好的条件。

第三十条　基层工会委员会根据工作需要，可以在分厂、车间（科室）建立分厂、车间（科室）工会委员会。分厂、车间（科室）工会委员会由分厂、车间（科室）会员大会或者会员代表大会选举产生，任期和基层工会委员会相同。

基层工会委员会和分厂、车间（科室）工会委员会，可以根据需要设若干专门委员会或者专门小组。

按照生产（行政）班组建立工会小组，民主选举工会小组长，积极开展工会小组活动。

第六章　工会干部

第三十一条　各级工会组织按照革命化、年轻化、知识化、专业化的要求，落实新时代好干部标准，努力建设一支坚持党的基本路线，熟悉本职业务，热爱工会工作，受到职工信赖的干部队伍。

第三十二条 工会干部要努力做到：

（一）认真学习马克思列宁主义、毛泽东思想、邓小平理论、"三个代表"重要思想、科学发展观、习近平新时代中国特色社会主义思想，学习党的基本知识和党的历史，学习政治、经济、历史、文化、法律、科技和工会业务等知识，提高政治能力、思维能力、实践能力，增强推动高质量发展本领、服务群众本领、防范化解风险本领。

（二）执行党的基本路线和各项方针政策，遵守国家法律、法规，在改革开放和社会主义现代化建设中勇于开拓创新。

（三）信念坚定，忠于职守，勤奋工作，敢于担当，廉洁奉公，顾全大局，维护团结。

（四）坚持实事求是，认真调查研究，如实反映职工的意见、愿望和要求。

（五）坚持原则，不谋私利，热心为职工说话办事，依法维护职工的合法权益。

（六）作风民主，联系群众，增强群众意识和群众感情，自觉接受职工群众的批评和监督。

第三十三条 各级工会组织根据有关规定管理工会干部，重视发现培养和选拔优秀年轻干部、女干部、少数民族干部，成为培养干部的重要基地。

基层工会主席、副主席任期未满不得随意调动其工作。因工作需要调动时，应事先征得本级工会委员会和上一级工会同意。

县和县以上工会可以为基层工会选派、聘用社会化工会工作者等工作人员。

第三十四条 各级工会组织建立与健全干部培训制度。办好工会干部院校和各种培训班。

第三十五条　各级工会组织关心工会干部的思想、学习和生活，督促落实相应的待遇，支持他们的工作，坚决同打击报复工会干部的行为作斗争。

县和县以上工会设立工会干部权益保障金，保障工会干部依法履行职责。

第七章　工会经费和资产

第三十六条　工会经费的来源：

（一）会员交纳的会费。

（二）企业、事业单位、机关、社会组织按全部职工工资总额的百分之二向工会拨缴的经费或者建会筹备金。

（三）工会所属的企业、事业单位上缴的收入。

（四）人民政府和企业、事业单位、机关、社会组织的补助。

（五）其他收入。

第三十七条　工会经费主要用于为职工服务和开展工会活动。各级工会组织应坚持正确使用方向，加强预算管理，优化支出结构，开展监督检查。

第三十八条　县和县以上各级工会应当与税务、财政等有关部门合作，依照规定做好工会经费收缴和应当由财政负担的工会经费拨缴工作。

未成立工会的企业、事业单位、机关、社会组织，按工资总额的百分之二向上级工会拨缴工会建会筹备金。

具备社会团体法人资格的工会应当依法设立独立经费账户。

第三十九条　工会资产是社会团体资产，中华全国总工会对各级工会的资产拥有终极所有权。各级工会依法依规加强对工会资产的监督、管理，保护工会资产不受损害，促进工会资产保值增值。根据经费独立原则，建立预算、决算、资产监管和经费审查监督制度。实行"统一领导、分级管理"的财务体制、"统一所有、分级监管、单位使用"的资产监管体制和"统一领导、分级管理、分级负责、下审一级"的经费审查监督体制。工会经费、资产的管理和使用办法以及工会经费审查监督制度，由中华全国总工会制定。

第四十条　各级工会委员会按照规定编制和审批预算、决算，定期向会员大会或者会员代表大会和上一级工会委员会报告经费收支和资产管理情况，接受上级和同级工会经费审查委员会审查监督。

第四十一条　工会经费、资产和国家及企业、事业单位等拨给工会的不动产和拨付资金形成的资产受法律保护，任何单位和个人不得侵占、挪用和任意调拨；不经批准，不得改变工会所属企业、事业单位的隶属关系和产权关系。

工会组织合并，其经费资产归合并后的工会所有；工会组织撤销或者解散，其经费资产由上级工会处置。

第八章　会　徽

第四十二条　中国工会会徽，选用汉字"中"、"工"两字，经艺术造型呈圆形重叠组成，并在两字外加一圆线，象征中国工会和中国工人阶级的团结统一。会徽的制作标准，由中华全国总工会规定。

第四十三条　中国工会会徽，可在工会办公地点、活动场所、会议会场悬挂，可作为纪念品、办公用品上的工会标志，也可以作为徽章佩戴。

第九章　附　则

第四十四条　本章程解释权属于中华全国总工会。

3.《工会女职工委员会工作条例》

（2024年4月26日　中华全国总工会第八届女职工委员会第一次会议审议通过）

第一章　总　则

第一条　为加强工会女职工委员会组织建设和工会女职工工作，根据《中华人民共和国工会法》和《中国工会章程》的有关规定，制定本条例。

第二条　工会女职工委员会是在同级工会委员会领导下和上一级工会女职工委员会指导下的女职工组织，根据女职工的特点和意愿开展工作。

第三条　工会女职工委员会以马克思列宁主义、毛泽东思想、邓小平理论、"三个代表"重要思想、科学发展观、习近平新时代中国特色社会主义思想为指导，坚持自觉接受党的领导，深刻领悟"两个确立"的决定性意义，增强"四个意识"、坚定"四个自信"、做到"两个维护"，保持和增强政治性、先进性、群众性，坚定不移走中国特色社会主义工会发展道路。推动男女平等基本国策的贯彻落实，履行维权服务基本职责，大力推进服务化、体系化、品牌化、创新化、数智化建设，不断提高工会女职工组织引领力、组织力、服务力，团结动员广大女职工为以中国式现代化全面推进强国建设、民族复兴伟业而奋斗。

第二章 基本任务

第四条 加强思想政治引领。坚持不懈用习近平新时代中国特色社会主义思想凝心铸魂，开展理想信念教育，团结引导广大女职工听党话、跟党走。教育女职工践行社会主义核心价值观，树立自尊、自信、自立、自强精神，不断提高思想道德素质、科学文化素质和技术技能素质，做伟大事业的建设者、文明风尚的倡导者、敢于追梦的奋斗者。

第五条 推动女职工提升素质建功立业。按照"五位一体"总体布局和"四个全面"战略布局要求，贯彻新发展理念，把握中国工人运动和工会工作的主题和方向，弘扬劳模精神、劳动精神、工匠精神，积极参与产业工人队伍建设改革，动员和组织广大女职工在推动实现经济社会高质量发展中建功立业。

第六条 维护女职工合法权益，保障女职工特殊权益。依法维护女职工在政治、经济、文化、社会和家庭等方面的合法权益和特殊权益，同一切歧视、虐待、摧残、迫害女职工的行为作斗争。参与有关保护女职工权益的法律、法规、规章、政策的制定和完善，监督、协助有关部门贯彻实施。代表和组织女职工依法依规参加本单位的民主选举、民主协商、民主决策、民主管理和民主监督。指导和帮助女职工与用人单位签订并履行劳动合同。参与平等协商、签订集体合同和女职工权益保护等专项集体合同工作，并参与监督执行。参与涉及女职工特殊权益的劳动关系协调和劳动争议调解，及时反映侵害女职工权益问题，督促和参与侵权案件的调查处理。

第七条 做好女职工关爱服务。开展困难女职工帮扶救助、职工婚恋服务和职工子女关爱等工作。落实国家生育政策，协同做好职工子女托育托管服务。加强女职工心理关怀。

第八条 开展家庭家教家风建设。充分发挥女职工在家庭生活中的独特作用,倡导和支持男女共同履行家庭责任,弘扬社会主义家庭文明新风尚。

第九条 推动营造有利于女职工全面发展的社会环境。积极争取党政支持,会同社会有关方面共同做好女职工工作。在研究决定涉及女职工权益问题时,积极提出意见建议。发现、培养、宣传和推荐先进女职工集体和个人。

第十条 与国际组织开展交流活动。讲好中国工会故事、中国女职工故事和中国巾帼劳模工匠故事,为促进妇女事业发展作出贡献。

第三章　组织制度

第十一条 各级工会建立女职工委员会。女职工委员会与工会委员会同时建立。企业、事业单位、机关、社会组织等基层工会委员会有女会员十人以上的建立女职工委员会,不足十人的设女职工委员。

第十二条 省、自治区、直辖市,设区的市和自治州,县(旗)、自治县、不设区的市总工会女职工委员会,实行垂直领导的产业工会女职工委员会,按照机构编制管理权限,经机构编制部门同意,设立办公室(女职工部)或明确女职工工作责任部门,负责女职工委员会的日常工作。乡镇(街道),村(社区),企业、事业单位、机关、社会组织,以及区域性、行业性工会联合会,开发区、工业园区工会等,应当建立女职工委员会,根据工作需要设立办公室或明确专兼职工作人员。

第十三条 女职工委员会委员由同级工会委员会提名,在充分协商的基础上产生,也可召开女职工大会或女职工代表大会选举产生。县和县以上工会女职工委员会根据工作需要可聘请顾问若干人。注重提高女劳动模范、一线女职工和基层工会女职工工作者在工会女职工委员会委员中的比例，委员中应有新就业形态女性劳动者代表。

第十四条　女职工委员会委员任期与同级工会委员会委员任期相同。在任期内，由于委员的工作变动等原因需要调整时，由工会女职工委员会提出相应的替补、增补人选，经同级工会委员会审议通过予以替补、增补，并报上级工会女职工委员会。

第十五条　县和县以上工会女职工委员会常务委员会由主任一人、副主任若干人、常务委员若干人组成。

第十六条　在工会代表大会、职工代表大会中，女职工代表的比例应与女职工占职工总数的比例相适应。

第十七条　工会女职工委员会是县和县以上妇联的团体会员，通过县和县以上地方工会接受妇联的业务指导。

第四章　干　部

第十八条　女职工委员会主任由同级工会女主席或女副主席担任，也可经民主协商，按照相应条件配备，享受同级工会副主席待遇。女职工委员会主任应提名为同级工会委员会或常务委员会委员候选人。

第十九条　女职工200人以上的企业、事业单位工会女职工委员会，应配备专职女职工工作干部。

第二十条　各级工会组织要按照革命化、年轻化、知识化、专业化的要求，落实新时代好干部标准，加强工会女职工工作干部队伍建设。

第二十一条　各级工会女职工委员会要加强对女职工工作干部的教育培养和关心关爱，提高女职工工作干部队伍的整体素质。工会女职工工作干部要坚持党的基本路线，熟悉工会业务，热爱女职工工作。

第五章　工作制度

第二十二条　女职工委员会实行民主集中制。凡属重大问题，要广泛听取女职工意见，由委员会或常务委员会进行充分的民主讨论后作出决定。

第二十三条　女职工委员会根据工作需要制定有关制度。每年召开一至二次常务委员会和委员会会议，也可临时召开会议。

第二十四条　工会女职工委员会要定期向同级工会委员会和上级工会女职工委员会报告工作。

第二十五条　工会女职工委员会要建立完善委员工作机制，发挥委员在建言献策、专题调研、参加活动、联系基层等方面的作用。

第二十六条　县和县以上各级工会女职工委员会要加强对基层的联系、指导和服务，把工作重心放在基层，注重向基层倾斜力量和资源，增强基层女职工组织的活力，为广大女职工服务。

第六章　经　费

第二十七条　各级工会组织要为工会女职工委员会开展工作与活动提供必要的经费，所需经费应列入同级工会组织的经费预算。

第七章　附　则

第二十八条　本条例由中华全国总工会女职工委员会负责解释。
第二十九条　本条例自印发之日起施行。

4.《中华人民共和国妇女权益保障法》

(1992年4月3日第七届全国人民代表大会第五次会议通过 根据2005年8月28日第十届全国人民代表大会常务委员会第十七次会议《关于修改〈中华人民共和国妇女权益保障法〉的决定》第一次修正 根据2018年10月26日第十三届全国人民代表大会常务委员会第六次会议《关于修改〈中华人民共和国野生动物保护法〉等十五部法律的决定》第二次修正 2022年10月30日第十三届全国人民代表大会常务委员会第三十七次会议修订)

目 录

第一章 总 则
第二章 政治权利
第三章 人身和人格权益
第四章 文化教育权益
第五章 劳动和社会保障权益
第六章 财产权益
第七章 婚姻家庭权益
第八章 救济措施
第九章 法律责任
第十章 附 则

第一章 总　则

第一条　为了保障妇女的合法权益，促进男女平等和妇女全面发展，充分发挥妇女在全面建设社会主义现代化国家中的作用，弘扬社会主义核心价值观，根据宪法，制定本法。

第二条　男女平等是国家的基本国策。妇女在政治的、经济的、文化的、社会的和家庭的生活等各方面享有同男子平等的权利。

国家采取必要措施，促进男女平等，消除对妇女一切形式的歧视，禁止排斥、限制妇女依法享有和行使各项权益。

国家保护妇女依法享有的特殊权益。

第三条　坚持中国共产党对妇女权益保障工作的领导，建立政府主导、各方协同、社会参与的保障妇女权益工作机制。

各级人民政府应当重视和加强妇女权益的保障工作。

县级以上人民政府负责妇女儿童工作的机构，负责组织、协调、指导、督促有关部门做好妇女权益的保障工作。

县级以上人民政府有关部门在各自的职责范围内做好妇女权益的保障工作。

第四条　保障妇女的合法权益是全社会的共同责任。国家机关、社会团体、企业事业单位、基层群众性自治组织以及其他组织和个人，应当依法保障妇女的权益。

国家采取有效措施，为妇女依法行使权利提供必要的条件。

第五条　国务院制定和组织实施中国妇女发展纲要，将其纳入国民经济和社会发展规划，保障和促进妇女在各领域的全面发展。

县级以上地方各级人民政府根据中国妇女发展纲要，制定和组织实施本行政区域的妇女发展规划，将其纳入国民经济和社会发展规划。

县级以上人民政府应当将妇女权益保障所需经费列入本级预算。

第六条 中华全国妇女联合会和地方各级妇女联合会依照法律和中华全国妇女联合会章程，代表和维护各族各界妇女的利益，做好维护妇女权益、促进男女平等和妇女全面发展的工作。

工会、共产主义青年团、残疾人联合会等群团组织应当在各自的工作范围内，做好维护妇女权益的工作。

第七条 国家鼓励妇女自尊、自信、自立、自强，运用法律维护自身合法权益。

妇女应当遵守国家法律，尊重社会公德、职业道德和家庭美德，履行法律所规定的义务。

第八条 有关机关制定或者修改涉及妇女权益的法律、法规、规章和其他规范性文件，应当听取妇女联合会的意见，充分考虑妇女的特殊权益，必要时开展男女平等评估。

第九条 国家建立健全妇女发展状况统计调查制度，完善性别统计监测指标体系，定期开展妇女发展状况和权益保障统计调查和分析，发布有关信息。

第十条 国家将男女平等基本国策纳入国民教育体系，开展宣传教育，增强全社会的男女平等意识，培育尊重和关爱妇女的社会风尚。

第十一条 国家对保障妇女合法权益成绩显著的组织和个人，按照有关规定给予表彰和奖励。

第二章 政治权利

第十二条 国家保障妇女享有与男子平等的政治权利。

第十三条 妇女有权通过各种途径和形式，依法参与管理国家事务、管理经济和文化事业、管理社会事务。

妇女和妇女组织有权向各级国家机关提出妇女权益保障方面的意见和建议。

第十四条 妇女享有与男子平等的选举权和被选举权。

全国人民代表大会和地方各级人民代表大会的代表中,应当保证有适当数量的妇女代表。国家采取措施,逐步提高全国人民代表大会和地方各级人民代表大会的妇女代表的比例。

居民委员会、村民委员会成员中,应当保证有适当数量的妇女成员。

第十五条 国家积极培养和选拔女干部,重视培养和选拔少数民族女干部。

国家机关、群团组织、企业事业单位培养、选拔和任用干部,应当坚持男女平等的原则,并有适当数量的妇女担任领导成员。

妇女联合会及其团体会员,可以向国家机关、群团组织、企业事业单位推荐女干部。

国家采取措施支持女性人才成长。

第十六条 妇女联合会代表妇女积极参与国家和社会事务的民主协商、民主决策、民主管理和民主监督。

第十七条 对于有关妇女权益保障工作的批评或者合理可行的建议,有关部门应当听取和采纳;对于有关侵害妇女权益的申诉、控告和检举,有关部门应当查清事实,负责处理,任何组织和个人不得压制或者打击报复。

第三章 人身和人格权益

第十八条 国家保障妇女享有与男子平等的人身和人格权益。

第十九条 妇女的人身自由不受侵犯。禁止非法拘禁和以其他非法手段剥夺或者限制妇女的人身自由；禁止非法搜查妇女的身体。

第二十条 妇女的人格尊严不受侵犯。禁止用侮辱、诽谤等方式损害妇女的人格尊严。

第二十一条 妇女的生命权、身体权、健康权不受侵犯。禁止虐待、遗弃、残害、买卖以及其他侵害女性生命健康权益的行为。

禁止进行非医学需要的胎儿性别鉴定和选择性别的人工终止妊娠。

医疗机构施行生育手术、特殊检查或者特殊治疗时，应当征得妇女本人同意；在妇女与其家属或者关系人意见不一致时，应当尊重妇女本人意愿。

第二十二条 禁止拐卖、绑架妇女；禁止收买被拐卖、绑架的妇女；禁止阻碍解救被拐卖、绑架的妇女。

各级人民政府和公安、民政、人力资源和社会保障、卫生健康等部门及村民委员会、居民委员会按照各自的职责及时发现报告，并采取措施解救被拐卖、绑架的妇女，做好被解救妇女的安置、救助和关爱等工作。妇女联合会协助和配合做好有关工作。任何组织和个人不得歧视被拐卖、绑架的妇女。

第二十三条 禁止违背妇女意愿，以言语、文字、图像、肢体行为等方式对其实施性骚扰。

受害妇女可以向有关单位和国家机关投诉。接到投诉的有关单位和国家机关应当及时处理，并书面告知处理结果。

受害妇女可以向公安机关报案，也可以向人民法院提起民事诉讼，依法请求行为人承担民事责任。

第二十四条 学校应当根据女学生的年龄阶段，进行生理卫生、心理健康和自我保护教育，在教育、管理、设施等方面采取措施，提高其防范性侵害、性骚扰的自我保护意识和能力，保障女学生的人身安全和身心健康发展。

学校应当建立有效预防和科学处置性侵害、性骚扰的工作制度。对性侵害、性骚扰女学生的违法犯罪行为，学校不得隐瞒，应当及时通知受害未成年女学生的父母或者其他监护人，向公安机关、教育行政部门报告，并配合相关部门依法处理。

对遭受性侵害、性骚扰的女学生，学校、公安机关、教育行政部门等相关单位和人员应当保护其隐私和个人信息，并提供必要的保护措施。

第二十五条 用人单位应当采取下列措施预防和制止对妇女的性骚扰：

（一）制定禁止性骚扰的规章制度；

（二）明确负责机构或者人员；

（三）开展预防和制止性骚扰的教育培训活动；

（四）采取必要的安全保卫措施；

（五）设置投诉电话、信箱等，畅通投诉渠道；

（六）建立和完善调查处置程序，及时处置纠纷并保护当事人隐私和个人信息；

（七）支持、协助受害妇女依法维权，必要时为受害妇女提供心理疏导；

（八）其他合理的预防和制止性骚扰措施。

第二十六条 住宿经营者应当及时准确登记住宿人员信息，健全住宿服务规章制度，加强安全保障措施；发现可能侵害妇女权益的违法犯罪行为，应当及时向公安机关报告。

第二十七条 禁止卖淫、嫖娼；禁止组织、强迫、引诱、容留、介绍妇女卖淫或者对妇女进行猥亵活动；禁止组织、强迫、引诱、容留、介绍妇女在任何场所或者利用网络进行淫秽表演活动。

第二十八条 妇女的姓名权、肖像权、名誉权、荣誉权、隐私权和个人信息等人格权益受法律保护。

媒体报道涉及妇女事件应当客观、适度，不得通过夸大事实、过度渲染等方式侵害妇女的人格权益。

禁止通过大众传播媒介或者其他方式贬低损害妇女人格。未经本人同意，不得通过广告、商标、展览橱窗、报纸、期刊、图书、音像制品、电子出版物、网络等形式使用妇女肖像，但法律另有规定的除外。

第二十九条 禁止以恋爱、交友为由或者在终止恋爱关系、离婚之后，纠缠、骚扰妇女，泄露、传播妇女隐私和个人信息。

妇女遭受上述侵害或者面临上述侵害现实危险的，可以向人民法院申请人身安全保护令。

第三十条 国家建立健全妇女健康服务体系，保障妇女享有基本医疗卫生服务，开展妇女常见病、多发病的预防、筛查和诊疗，提高妇女健康水平。

国家采取必要措施，开展经期、孕期、产期、哺乳期和更年期的健康知识普及、卫生保健和疾病防治，保障妇女特殊生理时期的健康需求，为有需要的妇女提供心理健康服务支持。

第三十一条 县级以上地方人民政府应当设立妇幼保健机构，为妇女提供保健以及常见病防治服务。

国家鼓励和支持社会力量通过依法捐赠、资助或者提供志愿服务等方式，参与妇女卫生健康事业，提供安全的生理健康用品或者服务，满足妇女多样化、差异化的健康需求。

用人单位应当定期为女职工安排妇科疾病、乳腺疾病检查以及妇女特殊需要的其他健康检查。

第三十二条 妇女依法享有生育子女的权利，也有不生育子女的自由。

第三十三条 国家实行婚前、孕前、孕产期和产后保健制度，逐步建立妇女全生育周期系统保健制度。医疗保健机构应当提供安全、有效的医疗保健服务，保障妇女生育安全和健康。

有关部门应当提供安全、有效的避孕药具和技术，保障妇女的健康和安全。

第三十四条 各级人民政府在规划、建设基础设施时，应当考虑妇女的特殊需求，配备满足妇女需要的公共厕所和母婴室等公共设施。

第四章 文化教育权益

第三十五条 国家保障妇女享有与男子平等的文化教育权利。

第三十六条 父母或者其他监护人应当履行保障适龄女性未成年人接受并完成义务教育的义务。

对无正当理由不送适龄女性未成年人入学的父母或者其他监护人，由当地乡镇人民政府或者县级人民政府教育行政部门给予批评教育，依法责令其限期改正。居民委员会、村民委员会应当协助政府做好相关工作。

政府、学校应当采取有效措施，解决适龄女性未成年人就学存在的实际困难，并创造条件，保证适龄女性未成年人完成义务教育。

第三十七条 学校和有关部门应当执行国家有关规定，保障妇女在入学、升学、授予学位、派出留学、就业指导和服务等方面享有与男子平等的权利。

学校在录取学生时，除国家规定的特殊专业外，不得以性别为由拒绝录取女性或者提高对女性的录取标准。

各级人民政府应当采取措施，保障女性平等享有接受中高等教育的权利和机会。

第三十八条 各级人民政府应当依照规定把扫除妇女中的文盲、半文盲工作,纳入扫盲和扫盲后继续教育规划,采取符合妇女特点的组织形式和工作方法,组织、监督有关部门具体实施。

第三十九条 国家健全全民终身学习体系,为妇女终身学习创造条件。

各级人民政府和有关部门应当采取措施,根据城镇和农村妇女的需要,组织妇女接受职业教育和实用技术培训。

第四十条 国家机关、社会团体和企业事业单位应当执行国家有关规定,保障妇女从事科学、技术、文学、艺术和其他文化活动,享有与男子平等的权利。

第五章 劳动和社会保障权益

第四十一条 国家保障妇女享有与男子平等的劳动权利和社会保障权利。

第四十二条 各级人民政府和有关部门应当完善就业保障政策措施,防止和纠正就业性别歧视,为妇女创造公平的就业创业环境,为就业困难的妇女提供必要的扶持和援助。

第四十三条 用人单位在招录(聘)过程中,除国家另有规定外,不得实施下列行为:

(一)限定为男性或者规定男性优先;

(二)除个人基本信息外,进一步询问或者调查女性求职者的婚育情况;

(三)将妊娠测试作为入职体检项目;

(四)将限制结婚、生育或者婚姻、生育状况作为录(聘)用条件;

(五)其他以性别为由拒绝录(聘)用妇女或者差别化地提高对妇

女录（聘）用标准的行为。

第四十四条 用人单位在录（聘）用女职工时，应当依法与其签订劳动（聘用）合同或者服务协议，劳动（聘用）合同或者服务协议中应当具备女职工特殊保护条款，并不得规定限制女职工结婚、生育等内容。

职工一方与用人单位订立的集体合同中应当包含男女平等和女职工权益保护相关内容，也可以就相关内容制定专章、附件或者单独订立女职工权益保护专项集体合同。

第四十五条 实行男女同工同酬。妇女在享受福利待遇方面享有与男子平等的权利。

第四十六条 在晋职、晋级、评聘专业技术职称和职务、培训等方面，应当坚持男女平等的原则，不得歧视妇女。

第四十七条 用人单位应当根据妇女的特点，依法保护妇女在工作和劳动时的安全、健康以及休息的权利。

妇女在经期、孕期、产期、哺乳期受特殊保护。

第四十八条 用人单位不得因结婚、怀孕、产假、哺乳等情形，降低女职工的工资和福利待遇，限制女职工晋职、晋级、评聘专业技术职称和职务，辞退女职工，单方解除劳动（聘用）合同或者服务协议。

女职工在怀孕以及依法享受产假期间，劳动（聘用）合同或者服务协议期满的，劳动（聘用）合同或者服务协议期限自动延续至产假结束。但是，用人单位依法解除、终止劳动（聘用）合同、服务协议，或者女职工依法要求解除、终止劳动（聘用）合同、服务协议的除外。

用人单位在执行国家退休制度时，不得以性别为由歧视妇女。

第四十九条 人力资源和社会保障部门应当将招聘、录取、晋职、晋级、评聘专业技术职称和职务、培训、辞退等过程中的性别歧视行为纳入劳动保障监察范围。

第五十条　国家发展社会保障事业，保障妇女享有社会保险、社会救助和社会福利等权益。

国家提倡和鼓励为帮助妇女而开展的社会公益活动。

第五十一条　国家实行生育保险制度，建立健全婴幼儿托育服务等与生育相关的其他保障制度。

国家建立健全职工生育休假制度，保障孕产期女职工依法享有休息休假权益。

地方各级人民政府和有关部门应当按照国家有关规定，为符合条件的困难妇女提供必要的生育救助。

第五十二条　各级人民政府和有关部门应当采取必要措施，加强贫困妇女、老龄妇女、残疾妇女等困难妇女的权益保障，按照有关规定为其提供生活帮扶、就业创业支持等关爱服务。

第六章　财产权益

第五十三条　国家保障妇女享有与男子平等的财产权利。

第五十四条　在夫妻共同财产、家庭共有财产关系中，不得侵害妇女依法享有的权益。

第五十五条　妇女在农村集体经济组织成员身份确认、土地承包经营、集体经济组织收益分配、土地征收补偿安置或者征用补偿以及宅基地使用等方面，享有与男子平等的权利。

申请农村土地承包经营权、宅基地使用权等不动产登记，应当在不动产登记簿和权属证书上将享有权利的妇女等家庭成员全部列明。征收补偿安置或者征用补偿协议应当将享有相关权益的妇女列入，并记载权益内容。

第五十六条　村民自治章程、村规民约，村民会议、村民代表会议的决定以及其他涉及村民利益事项的决定，不得以妇女未婚、结婚、离婚、丧偶、户无男性等为由，侵害妇女在农村集体经济组织中的各项权益。

因结婚男方到女方住所落户的，男方和子女享有与所在地农村集体经济组织成员平等的权益。

第五十七条 国家保护妇女在城镇集体所有财产关系中的权益。妇女依照法律、法规的规定享有相关权益。

第五十八条 妇女享有与男子平等的继承权。妇女依法行使继承权，不受歧视。

丧偶妇女有权依法处分继承的财产，任何组织和个人不得干涉。

第五十九条 丧偶儿媳对公婆尽了主要赡养义务的，作为第一顺序继承人，其继承权不受子女代位继承的影响。

第七章　婚姻家庭权益

第六十条 国家保障妇女享有与男子平等的婚姻家庭权利。

第六十一条 国家保护妇女的婚姻自主权。禁止干涉妇女的结婚、离婚自由。

第六十二条 国家鼓励男女双方在结婚登记前，共同进行医学检查或者相关健康体检。

第六十三条 婚姻登记机关应当提供婚姻家庭辅导服务，引导当事人建立平等、和睦、文明的婚姻家庭关系。

第六十四条 女方在怀孕期间、分娩后一年内或者终止妊娠后六个月内，男方不得提出离婚；但是，女方提出离婚或者人民法院认为确有必要受理男方离婚请求的除外。

第六十五条 禁止对妇女实施家庭暴力。

县级以上人民政府有关部门、司法机关、社会团体、企业事业单位、基层群众性自治组织以及其他组织，应当在各自的职责范围内预防和制止家庭暴力，依法为受害妇女提供救助。

第六十六条 妇女对夫妻共同财产享有与其配偶平等的占有、使用、收益和处分的权利，不受双方收入状况等情形的影响。

对夫妻共同所有的不动产以及可以联名登记的动产，女方有权要求在权属证书上记载其姓名；认为记载的权利人、标的物、权利比例等事项有错误的，有权依法申请更正登记或者异议登记，有关机构应当按照其申请依法办理相应登记手续。

第六十七条 离婚诉讼期间，夫妻一方申请查询登记在对方名下财产状况且确因客观原因不能自行收集的，人民法院应当进行调查取证，有关部门和单位应当予以协助。

离婚诉讼期间，夫妻双方均有向人民法院申报全部夫妻共同财产的义务。一方隐藏、转移、变卖、损毁、挥霍夫妻共同财产，或者伪造夫妻共同债务企图侵占另一方财产的，在离婚分割夫妻共同财产时，对该方可以少分或者不分财产。

第六十八条 夫妻双方应当共同负担家庭义务，共同照顾家庭生活。

女方因抚育子女、照料老人、协助男方工作等负担较多义务的，有权在离婚时要求男方予以补偿。补偿办法由双方协议确定；协议不成的，可以向人民法院提起诉讼。

第六十九条 离婚时，分割夫妻共有的房屋或者处理夫妻共同租住的房屋，由双方协议解决；协议不成的，可以向人民法院提起诉讼。

第七十条 父母双方对未成年子女享有平等的监护权。

父亲死亡、无监护能力或者有其他情形不能担任未成年子女的监护人的，母亲的监护权任何组织和个人不得干涉。

第七十一条 女方丧失生育能力的，在离婚处理子女抚养问题时，应当在最有利于未成年子女的条件下，优先考虑女方的抚养要求。

第八章　救济措施

第七十二条 对侵害妇女合法权益的行为，任何组织和个人都有权予以劝阻、制止或者向有关部门提出控告或者检举。有关部门接到控告或者检举后，应当依法及时处理，并为控告人、检举人保密。

妇女的合法权益受到侵害的，有权要求有关部门依法处理，或者依法申请调解、仲裁，或者向人民法院起诉。

对符合条件的妇女，当地法律援助机构或者司法机关应当给予帮助，依法为其提供法律援助或者司法救助。

第七十三条 妇女的合法权益受到侵害的，可以向妇女联合会等妇女组织求助。妇女联合会等妇女组织应当维护被侵害妇女的合法权益，有权要求并协助有关部门或者单位查处。有关部门或者单位应当依法查处，并予以答复；不予处理或者处理不当的，县级以上人民政府负责妇女儿童工作的机构、妇女联合会可以向其提出督促处理意见，必要时可以提请同级人民政府开展督查。

受害妇女进行诉讼需要帮助的，妇女联合会应当给予支持和帮助。

第七十四条 用人单位侵害妇女劳动和社会保障权益的，人力资源和社会保障部门可以联合工会、妇女联合会约谈用人单位，依法进行监督并要求其限期纠正。

第七十五条 妇女在农村集体经济组织成员身份确认等方面权益受到侵害的，可以申请乡镇人民政府等进行协调，或者向人民法院起诉。

乡镇人民政府应当对村民自治章程、村规民约，村民会议、村民代表会议的决定以及其他涉及村民利益事项的决定进行指导，对其中违反法律、法规和国家政策规定，侵害妇女合法权益的内容责令改正；受侵害妇女向农村土地承包仲裁机构申请仲裁或者向人民法院起诉的，农村土地承包仲裁机构或者人民法院应当依法受理。

第七十六条 县级以上人民政府应当开通全国统一的妇女权益保护服务热线，及时受理、移送有关侵害妇女合法权益的投诉、举报；有关部门或者单位接到投诉、举报后，应当及时予以处置。

鼓励和支持群团组织、企业事业单位、社会组织和个人参与建设妇女权益保护服务热线，提供妇女权益保护方面的咨询、帮助。

第七十七条 侵害妇女合法权益，导致社会公共利益受损的，检察机关可以发出检察建议；有下列情形之一的，检察机关可以依法提起公益诉讼：

（一）确认农村妇女集体经济组织成员身份时侵害妇女权益或者侵害妇女享有的农村土地承包和集体收益、土地征收征用补偿分配权益和宅基地使用权益；

（二）侵害妇女平等就业权益；

（三）相关单位未采取合理措施预防和制止性骚扰；

（四）通过大众传播媒介或者其他方式贬低损害妇女人格；

（五）其他严重侵害妇女权益的情形。

第七十八条 国家机关、社会团体、企业事业单位对侵害妇女权益的行为，可以支持受侵害的妇女向人民法院起诉。

第九章　法律责任

第七十九条 违反本法第二十二条第二款规定，未履行报告义务的，依法对直接负责的主管人员和其他直接责任人员给予处分。

第八十条 违反本法规定，对妇女实施性骚扰的，由公安机关给予批评教育或者出具告诫书，并由所在单位依法给予处分。

学校、用人单位违反本法规定，未采取必要措施预防和制止性骚扰，造成妇女权益受到侵害或者社会影响恶劣的，由上级机关或者主管部门责令改正；拒不改正或者情节严重的，依法对直接负责的主管人员和其他直接责任人员给予处分。

第八十一条　违反本法第二十六条规定，未履行报告等义务的，依法给予警告、责令停业整顿或者吊销营业执照、吊销相关许可证，并处一万元以上五万元以下罚款。

第八十二条　违反本法规定，通过大众传播媒介或者其他方式贬低损害妇女人格的，由公安、网信、文化旅游、广播电视、新闻出版或者其他有关部门依据各自的职权责令改正，并依法给予行政处罚。

第八十三条　用人单位违反本法第四十三条和第四十八条规定的，由人力资源和社会保障部门责令改正；拒不改正或者情节严重的，处一万元以上五万元以下罚款。

第八十四条　违反本法规定，对侵害妇女权益的申诉、控告、检举，推诿、拖延、压制不予查处，或者对提出申诉、控告、检举的人进行打击报复的，依法责令改正，并对直接负责的主管人员和其他直接责任人员给予处分。

国家机关及其工作人员未依法履行职责，对侵害妇女权益的行为未及时制止或者未给予受害妇女必要帮助，造成严重后果的，依法对直接负责的主管人员和其他直接责任人员给予处分。

违反本法规定，侵害妇女人身和人格权益、文化教育权益、劳动和社会保障权益、财产权益以及婚姻家庭权益的，依法责令改正，直接负责的主管人员和其他直接责任人员属于国家工作人员的，依法给予处分。

第八十五条　违反本法规定，侵害妇女的合法权益，其他法律、法规规定行政处罚的，从其规定；造成财产损失或者人身损害的，依法承担民事责任；构成犯罪的，依法追究刑事责任。

第十章 附 则

第八十六条 本法自2023年1月1日起施行。

5.《女职工劳动保护特别规定》

（中华人民共和国国务院令第619号 2012年4月28日）

第一条 为了减少和解决女职工在劳动中因生理特点造成的特殊困难，保护女职工健康，制定本规定。

第二条 中华人民共和国境内的国家机关、企业、事业单位、社会团体、个体经济组织以及其他社会组织等用人单位及其女职工，适用本规定。

第三条 用人单位应当加强女职工劳动保护，采取措施改善女职工劳动安全卫生条件，对女职工进行劳动安全卫生知识培训。

第四条 用人单位应当遵守女职工禁忌从事的劳动范围的规定。用人单位应当将本单位属于女职工禁忌从事的劳动范围的岗位书面告知女职工。

女职工禁忌从事的劳动范围由本规定附录列示。国务院安全生产监督管理部门会同国务院人力资源社会保障行政部门、国务院卫生行政部门根据经济社会发展情况，对女职工禁忌从事的劳动范围进行调整。

第五条 用人单位不得因女职工怀孕、生育、哺乳降低其工资、予以辞退、与其解除劳动或者聘用合同。

第六条 女职工在孕期不能适应原劳动的，用人单位应当根据医疗机构的证明，予以减轻劳动量或者安排其他能够适应的劳动。

对怀孕 7 个月以上的女职工，用人单位不得延长劳动时间或者安排夜班劳动，并应当在劳动时间内安排一定的休息时间。

怀孕女职工在劳动时间内进行产前检查，所需时间计入劳动时间。

第七条 女职工生育享受 98 天产假，其中产前可以休假 15 天；难产的，增加产假 15 天；生育多胞胎的，每多生育 1 个婴儿，增加产假 15 天。

女职工怀孕未满 4 个月流产的，享受 15 天产假；怀孕满 4 个月流产的，享受 42 天产假。

第八条 女职工产假期间的生育津贴，对已经参加生育保险的，按照用人单位上年度职工月平均工资的标准由生育保险基金支付；对未参加生育保险的，按照女职工产假前工资的标准由用人单位支付。

女职工生育或者流产的医疗费用，按照生育保险规定的项目和标准，对已经参加生育保险的，由生育保险基金支付；对未参加生育保险的，由用人单位支付。

第九条 对哺乳未满 1 周岁婴儿的女职工，用人单位不得延长劳动时间或者安排夜班劳动。

用人单位应当在每天的劳动时间内为哺乳期女职工安排 1 小时哺乳时间；女职工生育多胞胎的，每多哺乳 1 个婴儿每天增加 1 小时哺乳时间。

第十条 女职工比较多的用人单位应当根据女职工的需要，建立女职工卫生室、孕妇休息室、哺乳室等设施，妥善解决女职工在生理卫生、哺乳方面的困难。

第十一条 在劳动场所，用人单位应当预防和制止对女职工的性骚扰。

第十二条 县级以上人民政府人力资源社会保障行政部门、安全生产监督管理部门按照各自职责负责对用人单位遵守本规定的情况进行监督检查。

工会、妇女组织依法对用人单位遵守本规定的情况进行监督。

第十三条 用人单位违反本规定第六条第二款、第七条、第九条第一款规定的，由县级以上人民政府人力资源社会保障行政部门责令限期改正，按照受侵害女职工每人1000元以上5000元以下的标准计算，处以罚款。

用人单位违反本规定附录第一条、第二条规定的，由县级以上人民政府安全生产监督管理部门责令限期改正，按照受侵害女职工每人1000元以上5000元以下的标准计算，处以罚款。用人单位违反本规定附录第三条、第四条规定的，由县级以上人民政府安全生产监督管理部门责令限期治理，处5万元以上30万元以下的罚款；情节严重的，责令停止有关作业，或者提请有关人民政府按照国务院规定的权限责令关闭。

第十四条 用人单位违反本规定，侵害女职工合法权益的，女职工可以依法投诉、举报、申诉，依法向劳动人事争议调解仲裁机构申请调解仲裁，对仲裁裁决不服的，依法向人民法院提起诉讼。

第十五条 用人单位违反本规定，侵害女职工合法权益，造成女职工损害的，依法给予赔偿；用人单位及其直接负责的主管人员和其他直接责任人员构成犯罪的，依法追究刑事责任。

第十六条 本规定自公布之日起施行。1988年7月21日国务院发布的《女职工劳动保护规定》同时废止。

附录：女职工禁忌从事的劳动范围

一、女职工禁忌从事的劳动范围：

（一）矿山井下作业；

（二）体力劳动强度分级标准中规定的第四级体力劳动强度的作业；

（三）每小时负重6次以上、每次负重超过20公斤的作业，或者间断负重、每次负重超过25公斤的作业。

二、女职工在经期禁忌从事的劳动范围：

（一）冷水作业分级标准中规定的第二级、第三级、第四级冷水作业；

（二）低温作业分级标准中规定的第二级、第三级、第四级低温作业；

（三）体力劳动强度分级标准中规定的第三级、第四级体力劳动强度的作业；

（四）高处作业分级标准中规定的第三级、第四级高处作业。

三、女职工在孕期禁忌从事的劳动范围：

（一）作业场所空气中铅及其化合物、汞及其化合物、苯、镉、铍、砷、氰化物、氮氧化物、一氧化碳、二硫化碳、氯、己内酰胺、氯丁二烯、氯乙烯、环氧乙烷、苯胺、甲醛等有毒物质浓度超过国家职业卫生标准的作业；

（二）从事抗癌药物、己烯雌酚生产，接触麻醉剂气体等的作业；

（三）非密封源放射性物质的操作，核事故与放射事故的应急处置；

（四）高处作业分级标准中规定的高处作业；

（五）冷水作业分级标准中规定的冷水作业；

（六）低温作业分级标准中规定的低温作业；

（七）高温作业分级标准中规定的第三级、第四级的作业；

（八）噪声作业分级标准中规定的第三级、第四级的作业；

（九）体力劳动强度分级标准中规定的第三级、第四级体力劳动强度的作业；

（十）在密闭空间、高压室作业或者潜水作业，伴有强烈振动的作业，或者需要频繁弯腰、攀高、下蹲的作业。

四、女职工在哺乳期禁忌从事的劳动范围：

（一）孕期禁忌从事的劳动范围的第一项、第三项、第九项；

（二）作业场所空气中锰、氟、溴、甲醇、有机磷化合物、有机氯化合物等有毒物质浓度超过国家职业卫生标准的作业。

6.《工作场所女职工特殊劳动保护制度（参考文本）》

目　录

第一章　总则

第二章　劳动就业保护

第三章　工资福利保护

第四章　生育保护

第五章　职业安全健康保护

第六章　管理监督

第七章　附则

第一章　总　则

第一条　为加强女职工工作场所特殊劳动保护，维护女职工合法权益，保障女职工身心健康，构建和谐稳定的劳动关系，根据《中华人民共和国劳动法》《中华人民共和国劳动合同法》《中华人民共和国妇女权益保障法》《女职工劳动保护特别规定》《女职工保健工作规定》等法律法规规定，结合本单位实际情况，制定本制度。

第二条　本制度经第＿＿届职工代表大会第＿＿次会议审议通过。

第三条　本制度适用于本单位全体女职工，并向本单位全体职工公示告知。

第二章　劳动就业保护

第四条　本单位在录（聘）用女职工时，依法与女职工签订劳动（聘用）合同，劳动（聘用）合同中应具备女职工特殊保护条款，明确不得限制女职工结婚、生育等内容。

第五条　本单位遵守女职工禁忌从事的劳动范围的规定，并将本单位属于女职工禁忌从事的劳动范围的岗位书面告知女职工。

第六条　女职工在孕期、产期、哺乳期（指自婴儿出生之日起至满一周岁止）内，除有法律、法规规定的情形外，用人单位不得解除劳动（聘用）合同。劳动（聘用）合同期满而孕期、产期、哺乳期未满的，除女职工本人提出解除、终止劳动（聘用）合同外，劳动（聘用）合同的期限自动延续至孕期、产假、哺乳期期满。

第三章　工资福利保护

第七条　本单位工资分配遵循按劳分配原则，实行男女同工同酬。女职工在享受福利待遇方面享有与男职工平等的权利。

第八条　本单位不因女职工结婚、怀孕、生育、哺乳，降低其工资和福利待遇。

第九条　在晋职、晋级、评定专业技术职称和职务、培训等方面，坚持男女平等的原则，不歧视女职工。不因女职工怀孕、生育、哺乳等原因限制女职工参与上述活动。

第十条　妇女节（3月8日），女职工放假半天。

第十一条　本单位在发展的同时，采取积极有效措施，持续改善女职工工资福利待遇，不断提高女职工权益保障水平，促进女职工共享发展成果。

第四章　生育保护

第十二条　本单位严格执行国家有关女职工特殊劳动保护的法律法规，对在经期、孕期、产期、哺乳期的女职工给予特殊保护。

第十三条　女职工月经期保护

（一）女职工在月经期间，不安排其从事国家规定禁忌从事的劳动。

（二）患重度痛经及月经过多的女职工，经医疗机构确诊后，月经期间适当给予1至2天的休假。

第十四条　女职工孕期保护

（一）女职工在怀孕期间，不安排其从事国家规定的孕期禁忌从事的劳动。

（二）对怀孕满 7 个月以上（含 7 个月）的女职工，本单位不延长劳动时间或者安排夜班劳动，并在劳动时间内安排一定的休息时间或适当减轻工作；在从事立位作业女职工的工作场所设置休息座位。

（三）女职工在孕期不能适应原劳动的，本单位根据医疗机构的证明，与职工本人协商一致，予以减轻劳动量或安排其他能够适应的劳动。

（四）怀孕女职工在劳动时间内进行产前检查，所需时间计入劳动时间，依法支付劳动报酬。

第十五条 女职工产期保护

（一）按照国家有关规定，女职工生育享受 98 天产假，其中产前可以休假 15 天；根据医疗机构证明，难产的，增加产假 15 天；生育多胞胎的，每多生育 1 个婴儿，增加产假 15 天。生育奖励假、配偶陪产假和育儿假，按照本地规定执行。

（二）根据医疗机构证明，女职工怀孕未满 4 个月流产的，享受 15 天产假；怀孕满 4 个月流产的，享受 42 天产假。

（三）女职工产假期间的生育津贴，按照本单位上年度职工月平均工资的标准由生育保险基金支付。

（四）对有过两次以上自然流产史，现又无子女的女职工，本单位根据实际情况，在其怀孕期间予以减轻工作量；经女职工申请，暂时调离有可能直接或间接导致流产的工作岗位。

（五）女职工休产假，提前填写《请假申请单》，由上级领导批准签报人力资源部门进行核对并备案。

（六）职工根据所在地规定申请休生育奖励假、配偶陪产假、育儿假等假期可参考上述流程办理。

第十六条 女职工哺乳期保护

（一）女职工在哺乳期内，不安排其从事哺乳期禁忌从事的劳动。

（二）对哺乳未满 1 周岁婴儿的女职工，不延长劳动时间或者安排夜班劳动。在每天的劳动时间内为哺乳期女职工安排 1 小时哺乳时间；女职工生育多胞胎的，每多哺乳 1 个婴儿每天增加 1 小时哺乳时间。

（三）婴儿满周岁后，经医疗机构确诊为体弱儿的，可适当延长授乳时间，但不得超过 6 个月。

第五章　职业安全健康保护

第十七条　本单位加强女职工的特殊劳动保护，对女职工进行劳动安全卫生知识培训。在生产发展的同时，投入专项资金，通过建立孕妇休息室、哺乳室等设施，改善女职工劳动安全卫生条件。

第十八条　定期组织女职工进行妇科疾病、乳腺疾病检查以及女职工特殊需要的其他健康检查。

第十九条　关爱更年期女职工，经医疗机构诊断为严重更年期综合征的，经治疗效果仍不明显，且不适应原工作的，应暂时安排适宜的工作。

第二十条　本单位公开承诺，对工作场所性骚扰行为持零容忍态度，明确禁止性骚扰的具体行为，健全预防和制止性骚扰的制度，完善必要的安全保卫措施，加强对消除性骚扰的宣传、教育和培训，通过开通热线电话、意见箱、电子邮箱等多种形式畅通投诉举报渠道，依据专门制定的消除工作场所性骚扰制度对反映问题妥善处理，并对女职工提供心理疏导和依法维权的支持，积极创建安全健康舒心的工作环境。

第六章　管理监督

第二十一条　本单位明确由_____部门负责本制度的的组织实施。

第二十二条 本单位建立由工会负责人担任组长的监督检查小组，女职工在小组成员中保持一定比例。监督检查小组定期对本制度执行情况开展检查，并向全体职工公布检查结果。

第二十三条 女职工合法权益受到侵害时，可向＿＿＿＿部门或监督检查小组举报投诉。经调查核实后，督促相关部门整改。

受理部门：＿＿＿＿＿＿；投诉电话：＿＿＿＿＿＿；

信　　箱：＿＿＿＿＿＿；电子邮箱：＿＿＿＿＿＿。

第七章　附　则

第二十四条 本制度未尽事宜，按有关法律法规执行。法律法规未有规定的，双方协商解决。本制度生效后，在履行过程中，劳动（聘用）合同履行地的相关规定优于本制度规定的，按最优标准执行。

第二十五条 女职工特殊劳动保护的内容可以纳入集体合同、劳动安全卫生专项集体合同或女职工权益保护专项集体合同中。

第二十六条 本制度自＿＿＿年＿＿＿月＿＿＿日生效。

7.《消除工作场所性骚扰制度（参考文本）》

目　录

第一章　总则

第二章　公开承诺

第三章　宣传培训

第四章　职工举报投诉

第五章　调查处置

第六章　工会参与监督

第七章　附则

第一章　总　则

第一条　为消除工作场所性骚扰，依法保障女职工权益，营造安全健康舒心的工作环境，根据《中华人民共和国民法典》《中华人民共和国妇女权益保障法》《女职工劳动保护特别规定》等法律法规，制定本制度。

第二条　本制度所称的性骚扰是指，违反他人意愿，以语言、表情、动作、文字、图像、视频、语音、链接或其他任何方式使他人产生与性有关联想的不适感的行为，无论行为实施者是否具有骚扰或其他任何不当目的或意图。

第三条　本制度经第＿＿届职工代表大会第＿＿次会议审议通过。

第四条　本制度适用于本单位全体职工，并向全体职工公示告知。

第二章　公开承诺

第五条　本单位公开承诺对性骚扰行为零容忍。

第六条　本单位明确由＿＿＿＿＿＿＿部门负责本制度的组织实施，并负责受理工作场所性骚扰举报投诉事件的调查处置。各级管理层都有职责和专人负责做好预防和制止工作场所性骚扰的工作。

本单位建立由工会负责人担任组长的监督检查小组，女职工在小组成员中保持一定比例。监督检查小组定期对本制度执行情况开展检查，并向全体职工公布检查结果。

第七条 本单位工作场所内禁止包括但不限于以下行为：（1）以不受欢迎的语言挑逗、讲黄色笑话、向他人讲述个人性经历、不受欢迎的称呼等；（2）故意触摸、碰撞、亲吻他人敏感部位，不适宜地展示身体隐私部位或在他人周围对自己做涉性的接触或抚摸；（3）以信息方式给对方发送或直接展示色情、挑逗文字、图片、语音、视频等，如微信、短信、邮件等；（4）在工作场所周围布置淫秽图片、广告等，使对方感到难堪；（5）以跟踪、骚扰信息、寄送物品等方式持续对他人表达、传递含性暗示的内容；（6）其他性骚扰行为。

第三章　宣传培训

第八条 持续开展预防和制止工作场所性骚扰行为的宣传教育活动。在单位公告栏、办公室公告板等明显的地方张贴规章制度、"禁止性骚扰"标识和宣传画、举报投诉热线电话。

第九条 组织预防和制止工作场所性骚扰的专题培训，也可将专题培训纳入包括入职培训在内的各种培训之中。

第四章　职工举报投诉

第十条 职工在工作场所遇到本制度第七条规定的行为的，都应向实施者表明"你这种行为是不受欢迎的"等明确态度。

第十一条 职工在工作场所遇到本制度第七条规定的行为的，有权向其上级主管或_____部门举报投诉，其上级主管或_____部门对举报投诉事项进行受理登记，并由_____部门启动调查程序，及时向当事人提供法律援助服务。在对举报投诉者予以保密的前提下，可以适当方式予以鼓励。

受理部门：_____；投诉电话：_____；

信　　箱：_____；电子邮箱：_____。

第十二条 举报投诉者尽可能详细地记录每个细节并保全所有证据。

第五章　调查处置

第十三条 接到举报投诉后，相关部门应及时进行走访调查，收集和固定相关证据。包括但不限于：（1）受害人陈述；（2）电子证据，如微信聊天记录、电子邮件记录、短信记录、通话记录；（3）视听证据，如图片、录音、录像、监控等；（4）证人证言，及时搜集本单位相关同事的证人证言；（5）物证，及时保存涉及的相关材料；（6）第三方证据，比如报警记录、调查笔录、酒店录像等；（7）其他相关证据。

第十四条 对性骚扰实施者的处置措施包括：警告、调整工作岗位、依法解除劳动合同等。涉嫌触犯有关法律法规的，移送司法机关处理。

同时，采取措施避免对性骚扰受害者的二次伤害，可将性骚扰实施者调整至难以与受害者接触的工作岗位。

第十五条 相关部门在举报投诉与调查处置的全过程中，应注意个人隐私权的保护，做好相关材料的保密工作。有关调查处理结果应及时向举报投诉人进行反馈。

第六章　工会参与监督

第十六条 本单位工会将预防和制止工作场所性骚扰纳入集体协商议题，提高女职工的参与度和代表性；将预防和制止性骚扰等内容纳入集体合同和女职工权益保护专项集体合同、劳动安全卫生专项集体合同的协商中，在集体合同尤其是专项集体合同中增加预防和制止性骚扰条款。

第十七条　本单位工会要广泛听取和反映职工的意见建议，为职工提供法律咨询服务，支持、协助受害者用法律手段维权，并为受害者提供专业心理疏导服务。

第十八条　本单位工会通过工会劳动法律监督提示函、工会劳动法律监督意见书等，提示相关部门建立健全预防和制止工作场所性骚扰的制度机制，完善工作场所相关措施，营造安全健康舒心的工作环境。

第七章　附　则

第十九条　本制度未尽事宜，按有关法律法规执行。

第二十条　本制度自____年____月____日生效。

参考资料及说明

[1]《中华人民共和国宪法》(2018年修正文本)本书中简称《宪法》

[2]《中华人民共和国民法典》(2020年5月28日第十三届全国人民代表大会第三次会议通过)本书中简称《民法典》

[3]《中华人民共和国反家庭暴力法》(2015年12月27日第十二届全国人民代表大会常务委员会第十八次会议通过)

[4]《中华人民共和国治安管理处罚法》(根据2012年10月26日第十一届全国人民代表大会常务委员会第二十九次会议《关于修改〈中华人民共和国治安管理处罚法〉的决定》修正)本书中简称《治安管理处罚法》

[5]《中华人民共和国职业教育法》(2022年4月20日第十三届全国人民代表大会常务委员会第三十四次会议修订)本书中简称《职业教育法》

[6]《中华人民共和国职业病防治法》(根据2018年12月29日第十三届全国人民代表大会常务委员会第七次会议《关于修改〈中华人民共和国劳动法〉等七部法律的决定》第四次修正)本书中简称《职业病防治法》

[7]《中华人民共和国人口与计划生育法》(根据2021年8月20日第十三届全国人民代表大会常务委员会第三十次会议《关于修改〈中华人民共和国人口与计划生育法〉的决定》第二次修正)本书中简称《人口与计划生育法》

[8]《中华人民共和国安全生产法》（根据 2021 年 6 月 10 日第十三届全国人民代表大会常务委员会第二十九次会议《关于修改〈中华人民共和国安全生产法〉的决定》第三次修正）本书中简称《安全生产法》

[9]《中华人民共和国工会法》（根据 2021 年 12 月 24 日第十三届全国人民代表大会常务委员会第三十二次会议《关于修改〈中华人民共和国工会法〉的决定》第三次修正）本书中简称《工会法》

[10]《中华人民共和国残疾人保障法》（根据 2018 年 10 月 26 日第十三届全国人民代表大会常务委员会第六次会议《关于修改〈中华人民共和国野生动物保护法〉等十五部法律的决定》修正）本书中简称《残疾人保障法》

[11]《中华人民共和国妇女权益保障法》（2022 年 10 月 30 日第十三届全国人民代表大会常务委员会第三十七次会议修订）本书中简称《妇女权益保障法》

[12]《中华人民共和国劳动法》（根据 2018 年 12 月 29 日第十三届全国人民代表大会常务委员会第七次会议《关于修改〈中华人民共和国劳动法〉等七部法律的决定》第二次修正）本书中简称《劳动法》

[13]《中华人民共和国劳动合同法》（根据 2012 年 12 月 28 日第十一届全国人民代表大会常务委员会第三十次会议《关于修改〈中华人民共和国劳动合同法〉的决定》修正）本书中简称《劳动合同法》

[14]《中华人民共和国就业促进法》（根据 2015 年 4 月 24 日第十二届全国人民代表大会常务委员会第十四次会议《关于修改〈中华人民共和国电力法〉等六部法律的决定》修正）本书中简称《就业促进法》

[15]《中华人民共和国社会保险法》(根据2018年12月29日第十三届全国人民代表大会常务委员会第七次会议《关于修改〈中华人民共和国社会保险法〉的决定》修正)本书中简称《社会保险法》

[16]《中华人民共和国刑法》(2020年12月26日第十三届全国人民代表大会常务委员会第二十四次会议通过的《中华人民共和国刑法修正案(十一)》修正)本书中简称《刑法》

[17]《中华人民共和国劳动争议调解仲裁法》(2007年12月29日第十届全国人民代表大会常务委员会第三十一次会议通过)本书中简称《劳动争议调解仲裁法》

[18]《中国工会章程》(中国工会第十八次全国代表大会部分修改,2023年10月12日通过)

[19]《中华人民共和国劳动合同法实施条例》(2008年9月3日国务院第25次常务会议通过 2008年9月18日中华人民共和国国务院令第535号公布 自公布之日起施行)本书中简称《劳动合同法实施条例》

[20]《工伤保险条例》(根据2010年12月20日《国务院关于修改〈工伤保险条例〉的决定》修订)

[21]《基层工会会员代表大会条例》(总工发〔2019〕6号)

[22]《工会女职工委员会工作条例》(总工发〔2019〕11号)

[23]《女职工劳动保护特别规定》(2012年4月18日国务院第200次常务会议通过 2012年4月28日中华人民共和国国务院令第619号公布 自公布之日起施行)

[24]《集体合同规定》(2004年1月20日劳动保障部令第22号公布 自2004年5月1日起施行)

[25]《劳动人事争议仲裁办案规则》(2017年5月8日人力资源社会保障部令第33号公布 自2017年7月1日起施行)